세기의 책들 20선

천년의 지혜 시리즈
*NO.6*
자기계발 편 2부

은밀히 품었던 모든 생각으로부터

지금 이 순간을

지금 이 환경을

# 스스로 창조한 '나'

최초 출간일 1903년

은밀히 품었던 모든 생각으로부터
지금 이 순간을
지금 이 환경을

# 스스로 창조한 '나'

AT THIS MOMENT,
THE ENVIRONMENT
RIGHT NOW,

I CREATED
BY MYSELF

제임스 앨런 지음 / 서진 편저·기획 / 안진환 번역 감수

SNOWFOX

# 천년의 지혜 시리즈 소개

A Thousand Years of Wisdom

# THE
# WISDOM OF
## —— A ——
# MILLENNIUM

1. 총 검토 기간 : 　　　　　　　　　　　　　　　　1년 6개월

2. 출간 후보 도서 검토 종수 : 　　　　　　　　　　　1만 2천 종

3. 확정된 시리즈 전체 출간 종수 : 　　　　　　　　　　20종

4. 최초 ~ 최근 출간 기간 : 　　　　　　　　　　1335년 ~ 2005년

5. 단일 최소, 최대 출간 언어 수 : 　　　　　　2개 ~ 38개 언어로 출간

6. 단일 최소, 최대 판매 부수 : 　　　　　20만 부 ~ 1천5백만 부 판매

7. 단일 최소, 최대 개정판 출간 종수 : 　　　　　　27판 ~ 3843판

8. 시리즈 출간 기간 : 　　　　　　　　2023년 12월 ~ 2025년 9월

9. 출간 분야 : 　　　　　　　　　　　　　　　　　경제경영 4종
　　　　　　　　　　　　　　　　　　　　　　　　자기계발 7종
　　　　　　　　　　　　　　　　　　　　　　　　　에세이 3종
　　　　　　　　　　　　　　　　　　　　　　　　　　인문 3종
　　　　　　　　　　　　　　　　　　　　　　　　　　철학 3종

---

스노우폭스북스 『세기의 책들 20선, 천년의 지혜 시리즈』는 지난 수 세기 동안 출간된 책 중에서 현재 널리 알려진 여러 가르침과 기본적인 사상을 만든 책들을 찾아 엄선해 출간했습니다.

이 귀한 지혜들을 파생시킨 '최초의 시작'을 만든 책들을 하나로 규합해 출간함으로써 지혜와 더 깊은 통찰에 목마른 우리 모두에게 '읽을거리'를 제공하고자 했습니다.

이로써 가벼운 지금의 '읽기'에서 보다 깊이 사유하는 '읽는 사람'으로 변화되는 일을 만들어 나가고자 했습니다.

편저에 깊숙이 빠져 있던 어느 날, 쓰고 있던 안경을 내려놓고 엎드려 한참을 울었습니다. 호흡이 커지고 가슴은 크게 팽창해서 더 이상 공기가 들어갈 자리가 남지 않은 것처럼 크게 부풀어 오르는 것 같았습니다.

위로와 깊은 진실에, 나아갈 앞으로의 삶의 방향을 확인한 덕분에 눈이, 가슴이 뜨거워 그랬던 것 같습니다.

힘든 상황이 생길 때면 '열심히, 선하게, 한도 내에서 열렬히 나누며 살아왔는데 왜 아직도 번뇌가, 슬픔이 계속될까? 왜 아직도 행복하지도 평온하지도 못한, 영혼은 언제쯤 온전한 자유로움에 놓일까? 왜 변하지 않는 것은 없을까? 무엇이 진실인가? 어쩌면 더 이상 이런 방식으로 살지 말아야 하는 건 아닐까?' 같은 생각으로 서글픈 마음이 올라오고는 했습니다. 아니면 좀 유별났던 걸까요.

책을 편저하는 내내 '선해 보이는 행동'과 '오직 내면에 선함을 품고 있는 것'을 가려보는 생각이 일었습니다. 가끔 누군가를 배려하고, 가끔 좋은 행동을 하는 것도 마땅히 칭찬받고 좋을 일이지만 그보다 더 추구해야 할 것이 내면 자체에 오직 선함을 품는 일이라는 더 나은 방향을 다시 곱씹게 합니다.

그것이 눈에 보이지 않는 무한한 어떤 근원적 힘들과 연결된 축복으로 삶의 순간을 만든다는, 그리고 행운도 평화도 부와 영광도 모두 그 안에 들어 있다고 확인시켜 주는 책의 가르침은 그야말로 든든한 힘이 돼 줍니다.

이 책의 저자는 뛰어난 영성가였으며 명상의 권위자로 인정받습니다. 그는 일생을 마음챙김과 우주를 꼭 닮은 소우주에 해당하는 '나'라는 존재로서 '이 순간에 있는 수행가'였습니다. 그런 배경에서 제임스 앨런은 누구든 더 쉽게 내면의 깊은 고요로부터 큰 힘을 얻도록 돕기 위해 이 책을 '깨어 있음 속'에서 집필했습니다.

그는 책에서 '사람은 모든 행동으로 자기 자신을 그대로 드러낸다'는 말의 의미를 정확하게 짚어냅니다. 속은 따스한 사람이지만 겉은 거칠 수 있다는 것이 없고, 좋은 사람이기 때문에 매번 누군가에게 속임을 당하거나 나쁜 일에 휘말리는 경우도 없다고 말합니다. 나쁜 사람이 매번 가난한 것도 아니며 선한 사람이 매번 부자가 되는 것도 아닌 것은 겉으로 드러난 것보다 사람이 들여다보지 못한 그만의 선함과 악함이 삶에 작용돼 드러난 것일 뿐이라고 말합니다.

이렇게 저자의 메시지를 읽다 보면 자신보다 나쁘거나 비열하거나 기회주의자가 성공한 것처럼 보이는 세상을 향한 원망이나 미움이 사라집니다. 그저 내 관점에서 바라본 작은 판단이었다는 걸 알게 해 줍니다. 세상의 진실은 모든 것을 있는 그대로 드러내 준 것뿐이라는 사실은, 겸손한 마음으로 현재 상황을 거울로 들여다보듯 인정하는 계기를 만들어 주는 것 같습니다.

지금껏 자신의 삶이 고난과 역경에 놓여 있고 아직 계속되고 있다면, 상황을 바꾸고 직장을 바꾸고 생활공간이나 곁에 있는 사람을 떠나거나 바꾸는 것으로는 결코 해결책을 찾을 수 없습니다. 그보다 지금 즉시 내면을 선하고 바른길에 맞추는 마음이 필요합니다.

선한 내면은 밖으로 드러나는 모든 것을 바꾼다는 진실을 실제로 믿고 생활해 나갈 때 고난은 인간의 이해를 넘어서는 방식으로 빠르게 해결됩니다. 내면의 선함은 반드시 모든 삶에 행운으로 평화와 자유로움, 안녕과 부, 더 나은 삶을 연결합니다.

제임스 앨런은 생애 19권의 저서를 집필했습니다. 그중 가장 대표적인 저서로 손꼽히는 이 책『스스로 창조한 나 As a man thinketh』를 이번『천년의 지혜 시리즈 20선』에 포함해 편저할 수 있던 것은 개인을 넘어 혼란과 힘든 시기에 놓인 그 누구에게라도 축복이라고 생각됩니다.

지금껏 사람의 겉모습과 속이 일치되지 않을 수 있다는 개념적 생각이 통용됐습니다. 그러나 이제 '사람은 그 내면의 것이 모두 겉으로 드러나며 그로부터 삶의 축복과 고통을 만들어 내는, 스스로의 창조자'라는 철학적 깊이를 가슴에 새깁니다.

세상에 이토록 눈물 나도록 감사한 책이 많다는 사실이 가슴을 달궈줍니다.

세상에 이토록 모두를 도울 수 있을 만큼 커다랗고, 깊고, 넓은 철학을 품은 스승이 많다는 사실이 작은 재능에 열심을 내게 합니다.

이 책『스스로 창조한 나 As a man thinketh』를 편저할 수 있던 것은 나와 당신, 우리 모두를 위한 책을 연결하거나 펼칠 수 있는 에디터로서 자긍심을 준 최고의 책으로 기억될 것 같습니다.

혼란과 의문 속에서 해답을 찾고 있을 꼭 그 사람에게 전해지기를 소원하며

편저자 서진

## 저자 소개

제임스 앨런(1864-1912)은 영감을 주는 글을 쓴 영국의 철학작가
이자 자조운동(자기의 발전을 위하여 스스로 애씀)의 선구자였습니다.

그의 가장 잘 알려진 작품 『As a man thinketh』는 1903년 출판된
이후 대량 생산되었습니다. 이 책은 자기계발 작가들에게 동기부여
와 영감의 원천이 되어왔습니다.

그는 영국 레스터에서 노동자 계급 가정의 두 형제 중 장남으로
태어났습니다. 그의 어머니는 글을 읽지도 쓰지도 못했습니다. 아버
지 위리엄은 공장의 직물공이었습니다.

1879년 영국 중부의 섬유산업이 침체되자 그의 아버지는 일자리
를 찾고 가족을 위한 새로운 보금자리를 마련하기 위해 홀로 미국으
로 건너갔습니다. 그러나 도착한지 이틀 만에 뉴욕 시립병원에서 강
도에 의한 살인으로 추정되는 사망 선고를 받았습니다. 열다섯 살이
되던 해, 그의 가족은 경제적 어려움에 직면하게 되었고 앨런은 학교
를 그만두고 일자리를 찾아야 했습니다.

1890년대 대부분의 기간 동안 앨런은 영국의 여러 제조회사에서

개인 심부름이나 문구 판매원으로 일했습니다. 그는 1893년 런던으로 이주한 후 사우스웨일즈로 이주해 저널리즘과 보도로 생계를 유지하기 시작합니다. 그곳에서 앨런은 오람(릴리 L. 앨런)을 만나 1895년 결혼했습니다.

1898년 앨런은 잡지 〈황금시대의 전령〉의 작가로서 자신의 영적, 사회적 관심을 드러내 보여줄 직업을 찾게 됩니다. 또한 자신의 영성잡지를 발간하기 시작했으며 이 잡지는 최초의 이름 〈이성의 빛〉에서 훗날 〈에포크〉가 되었습니다.

1903년, 앨런의 대표작이자 세 번째 책인 이 책『As a man thinketh』이 출간되었습니다. 이 책이 출간된 뒤 소수의 독자들 덕분에 앨런은 비서 일을 그만두고 글쓰기에 전념할 수 있었습니다. 이 작은 작품은 결국 전 세계에서 읽히게 되었으며 앨런은 사후에 현대 영감 사상 선구자 중 한 명이라는 명성을 얻게 되었습니다.

1903년, 은퇴한 앨런은 가족과 함께 일프라콤에서 여생을 보냈습니다. 〈에포크〉의 출간을 지속한 앨런은 1912년에 사망할 때까지 매년 한 권 이상의 책을 출간했습니다.

앨런은 10년 이상 글을 쓰며 19편의 작품을 발표했습니다. 1912년 그가 사망한 후에도 그의 아내는 〈에포크〉의 잡지 발행을 계속했습니다. 릴리 앨런은 그의 사후에 출판된 원고 중 하나인 『행복과 성공의 주춧돌』의 서문에서 남편의 문학적 사명을 이렇게 요약했습니다.

"남편은 글을 쓰기 위해 글을 쓴 것이 아니라

사람들에게 전하고 싶은 메시지가 있을 때 글을 썼습니다.

남편이 전하고 싶어 했던 메시지는

그가 실제로 시도해 보고 좋다는 것이 확인된

바로 그것들뿐이었습니다."

James Allen (28 November 1864–24 January 1912) was a British philosophical writer known for his inspirational books and poetry and as a pioneer of the self-help movement. His best known work, As a Man Thinketh, has been mass-produced since its publication in 1903. It has been a source of inspiration to motivational and self-help authors.

Born in Leicester, England, into a working-class family, Allen was the elder of two brothers. His mother could neither read nor write. His father, William, was a factory knitter.

In 1879 following a downturn in the textile trade of central England, Allen's father travelled alone to America to find work and establish a new home for the family. Within two days of arriving his father was pronounced dead at New York City Hospital, believed to be a case of robbery and murder. At age fifteen, with the family now facing economic disaster, Allen was forced to leave school and find work.

For much of the 1890s, Allen worked as a private secretary and stationer in several British manufacturing firms.

In 1893 Allen moved to London and later to South Wales, earning his living by journalism and reporting. In South Wales he met Lily Louisa Oram (Lily L. Allen) who he then wed in 1895.

In 1898 Allen found an occupation in which he could showcase his spiritual and social interests as a writer for the magazine 'The Herald of the Golden Age'. At this time, Allen entered a creative period where he then published his first of many books, From Poverty to Power (1901). In 1902 Allen began to publish his own spiritual magazine, The Light of Reason, later retitled The Epoch.

In 1903 Allen published his third and most famous book As a Man Thinketh. Loosely based on the Biblical passage of Proverbs 23:7, "As a man thinketh in his heart, so is he," the small work eventually became read around the world and brought Allen posthumous fame as one of the pioneering figures of modern inspirational thought.

The book's minor audience allowed Allen to quit his secretarial work and pursue his writing and editing career. In 1903, the Allen family retired to the town of Ilfracombe where Allen would spend the rest of his life. Continuing to publish the Epoch, Allen produced more than one book per year until his death in 1912.

There he wrote for nine years, producing 19 works. Following his death in 1912, his wife continued publishing the magazine under the name The Epoch. Lily Allen summarised her husband's literary mission in the preface to one of his posthumously published manuscripts, Foundation Stones to Happiness and Success saying:

"He never wrote theories, or for the sake of writing; but he wrote when he had a message, and it became a message only when he had lived it out in his own life, and knew that it was good. Thus he wrote facts, which he had proven by practice."

# PART 1.

## 사람은 그 속에 있는 것을
## 모든 행동으로 분명히 드러낸다

## PART 2.

# 모든 인간을
# 번영에 이르게 하는 '길'

# PART 1.

사람은 그 속에 있는 것을
모든 행동으로 분명히 드러낸다

이 작은 책은 설명보다는 암시적입니다.

저는 모든 사람이 '그들 스스로, 자신이 그 자신을 창조한다'는 분명한 사실을 가리켜 보이려는 목적을 전달하고자 했습니다.

마음은 '인격'이라는 내면의 옷과 '상황'이라는 외형의 옷을 이어 붙이고 짜는 능숙한 직공입니다. 우리는 내가 선택하고 결심한 생각에 의해 만들어지고 있습니다.

지금껏 이 두 가지가 번뇌와 고통, 만족스럽지 못한 삶이었 을지 모릅니다. 그러나 이제는 깨달음과 행복으로 짤 수 있습니다. 나는 그것을 여러분께 알려주고 싶은 간절함으로 가득 차 있습니다.

— 제임스 앨런(James Allen)

This little volume **(the result of meditation and experience)** is not intended as an exhaustive treatise on the much-written upon subject of the power of thought. It is suggestive rather than explanatory, its object being to stimulate men and women to the discovery and perception of the truth that - "They themselves are makers of themselves."

By virtue of the thoughts which they choose and encourage; that mind is the master weaver, both of the inner garment of character and the outer garment of circumstance, and that, as they may have hitherto woven in ignorance and pain they may now weave in enlightenment and happiness.

# 1.

'생각만' 해 보는 것은 없습니다.
'생각' 자체가 곧
 현실을 만드는 재료입니다

"사람은 마음속으로 생각하는 대로 된다."라는 말은 사람의 존재 자체를 포함할 뿐 아니라 삶의 모든 조건과 상황에 적용될 정도로 넓은 의미입니다.

사람은 말 그대로, '생각하는 그대로'이며 그의 인격은 자신의 모든 생각의 완전한 총집합입니다. 지금 살고 있는 모습, 환경은 그가 내면에 품고 있던 생각의 실제 모습입니다.

식물이 씨앗에서 나고 씨앗 없이는 자라날 수 없듯, 인간의 모든 행위는 숨겨진 씨앗인 '생각과 마음'에서 비롯되며 의식적인 행동과 무의식적 행동도 예외 없이 그러합니다. 생각이 드러난 것이 '행동'입니다. 그 행동에 따른 기쁨과 고통은 마음의 '열매'입니다.

좋은 것이든 나쁜 것이든 꽃으로 열리면 열매를 얻게 됩니다. 변할 수 없는 이 진리에 근거해 열매의 종류가 결정됩니다. 결국 맺고 맺지 못하는 것을 결정하는 생각의 곡물 창고 주인이 바로 사람 그 자신인 것입니다.

The aphorism, "As a man thinketh in his heart so is he," not only embraces the whole of a man's being, but is so comprehensive as to reach out to every condition and circumstance of his life. A man is literally what he thinks, his character being the complete sum of all his thoughts.

As the plant springs from, and could not be without, the seed, so every act of a man springs from the hidden seeds of thought, and could not have appeared without them. This applies equally to those acts called "spontaneous" and "unpremeditated" as to those which are deliberately executed.

Act is the blossom of thought, and joy and suffering are its fruits; thus does a man garner in the sweet and bitter fruitage of his own husbandry.

마음속의 생각이 지금 우리를 만들었습니다.

우리는 생각에 의해 만들어지고 지어졌습니다.

사람의 마음에 악한 생각이 있으면

언덕 위로 수레바퀴를 굴리는 소와 같이

고통이 찾아옵니다.

우리가 순결한 마음으로 인내하면

기쁨이 언제나 그림자처럼 우리를 따라다닐 것입니다.

Thought in the mind hath made us.

What we are By thought we wrought and built.

If a man's mind Hath evil thoughts, pain comes on him as comes The wheel the ox behind…

If one endure in purity of thought joy follows him as his own shadow – sure.

스스로 창조한 '나'

사람은 자연법칙에 따라 만들어진 존재입니다. 이것은 원인과 결과로 이어지고 물질의 세계에서처럼 변하지 않는 법칙입니다.

고결한 성품이나 성격은 거저 물려받거나 우연하게 자란 것이 아닙니다. 그것은 오랫동안 선하고 바른 생각을 해온 결과입니다. 천박하고 상스러운 성품, 굽실거리거나 포악한 성품도 같은 결과입니다.

인간은 자신을 파괴하는 무기를 내면의 생각을 통해 스스로 만들어냅니다. 기쁨과 활력과 평화로움 역시 내면의 생각을 스스로 만들어냅니다. 올바른 생각을 하겠다는 선택과 실천은 인간을 완전성으로 올라가게 만듭니다.

Man is a growth by law, and not a creation by artifice, and cause and effect is as absolute and undeviating in the hidden realm of thought as in the world of visible and material things. A noble and Godlike character is not a thing of favor or chance, but is the natural result of continued effort in right thinking, the effect of long-cherished association with Godlike thoughts. An ignoble and bestial character, by the same process, is the result of the continued harboring of groveling thoughts. Man is made or unmade by himself; in the armory of thought he forges the weapons by which he destroys himself. He also fashions the tools with which he builds for himself heavenly mansions of joy and strength and peace. By the right choice and true application of thought, man ascends to the Divine Perfection;

반대로 나쁘고 좋은 것을 가리지 않는 생각이나 이기적인 생각의 남용은 인간의 환경을 밑바닥 아래로 떨어뜨립니다. 이 두 극단 사이에 온갖 성품의 인간이 존재하며 그 인격들의 창조주는 모두 그 자신입니다. 이 분명하고도 간결한 진리보다 더 기쁘고 명확한 사실이 있을까요?

인간은 생각의 주인이자 인격의 창조자이며 환경과 운명을 스스로 만들어 내는 조각가입니다. 이 진실은 신성한 약속이며 그로부터 확신에 찬 열매를 맺게 만듭니다. 힘과 지성, 자기 생각의 완전한 주인인 인간은 모든 상황의 열쇠를 쥐고 있는 존재입니다. 스스로 원하는 대로 상황을 만들 수 있는 변화와 재생의 능력을 지니고 있습니다.

by the abuse and wrong application of thought, he descends below the level of the beast. Between these two extremes are all the grades of character, and man is their maker and master.

Of all the beautiful truths pertaining to the soul which have been restored and brought to light in this age, none is more gladdening or fruitful of divine promise and confidence than this - that man is the master of thought, the molder of character, and maker and shaper of condition, environment, and destiny.

As a being of Power, Intelligence, and Love, and the lord of his own thoughts, man holds the key to every situation, and contains within himself that transforming and regenerative agency by which he may make himself what he wills.

인간은 가장 약하고 버림받은 상태에 놓여 있어도 언제나 자신의 주인입니다. 그러나 나약하고 타락한 상태라면 자신의 집을 잘못 다스리는 어리석은 주인입니다. 따라서 자신의 상태를 즉시 반성하고 내면에 이로운 생각을 먼저 담아 지혜로운 주인으로 거듭나야 합니다.

지혜로운 주인이 되려는 생각을 부지런히 품기 시작하면 자신의 내면이 지성으로 가득 차올라 모든 행동을 유익한 방향으로 지시하기 시작합니다. 이처럼 인간은 자기 안에서 생각의 법칙을 발견함으로써 그렇게 될 수 있고, 그 발견은 전적으로 자기 분석과 실천 그리고 경험의 영역에서 증명될 것입니다.

*Man is always the master, even in his weakest and most abandoned state; but in his weakness and degradation he is the foolish master who misgoverns his "household." When he begins to reflect upon his condition, and to search diligently for the Law upon which his being is established, he then becomes the wise master, directing his energies with intelligence, and fashioning his thoughts to fruitful issues. Such is the conscious master, and man can only thus become by discovering within himself the laws of thought; which discovery is totally a matter of application, self-analysis, and experience.*

고된 채굴 과정을 통해서만 금과 다이아몬드는 얻어집니다. 인간은 내면이라는 광산을 깊이 파헤치는 과정을 통해 존재와 삶, 행복과 성공에 관한 모든 진실을 찾을 수 있습니다. 그 과정에서 인간은 자신의 성격을 만들고 삶을 만들며 운명을 건설하는 유일한 주최자가 '나'라는 것을 틀림없이 스스로 증명할 수 있을 것입니다.

자신과 다른 사람들의 마음에 품은 생각이 삶과 환경에서 어떤 영향을 미치는지 추적하십시오. 그리고 관찰하십시오. 생각을 관찰하고 주관하고 통제하고 변화시키며 인내심 있는 연습을 통해 나타나는 현상을 보십시오. 그로부터 원인과 결과가 연결되는 증거를 발견하십시오. 아주 작은 일상이라도 내면의 생각과 환경의 변화를 깨닫는 수단으로 활용하십시오.

Only by much searching and mining are gold an diamonds obtained, and man can find every truth connected with his being if he will dig deep into the mine of his soul. And that he is the maker of his character, the molder of his life, and the builder of his destiny, he may unerringly prove: if he will watch, control, and alter his thoughts, tracing their effects upon himself, upon others, and upon his life and circumstances; if he will link cause and effect by patient practice and investigation, utilizing his every experience, even to the most trivial, as a means of obtaining that knowledge of himself.

바로 이 행동으로 '구하는 이가 찾을 것이요, 두드리는 이에게 열릴 것이라'는 절대적인 법칙이 적용될 것입니다. 확인하십시오. 노력을 통해서만 이 진실을 들여다 볼 수 있습니다.

In this direction, as in no other, is the law absolute that "He that seeketh findeth; and to him that knocketh it shall be opened"; for only by patience, practice, and ceaseless importunity can a man enter the Door of the Temple of Knowledge.

2.

환경이 나를 만드는 것이 아니라
나 자신이 환경을 만드는
창조자일 뿐입니다

사람의 마음은 '잘 가꿔지거나 그렇지 않은 정원'에 비유할 수 있습니다. 가꾸든 방치하든 반드시 열매를 맺기 때문입니다. 우리는 그 정원을 가꾸며 좋은 열매를 맺는 씨앗을 뿌릴 수 있습니다. 그러나 방치하거나 관리에 소홀하면 아무 쓸모없는 잡초 씨앗이 떨어져 무성하게 자랄 것입니다.

A man's mind may be likened to a garden, which may be intelligently cultivated or allowed to run wild; but whether cultivated or neglected, it must, and will, bring forth. If no useful seeds are put into it, then an abundance of useless weed seeds will fall therein, and will continue to produce their kind.

정원사는 정원을 가꾸고 잡초를 뽑아내 필요한 꽃과 열매를 키워냅니다. 사람의 마음도 마찬가지입니다. 마음의 정원에서도 잘못되고 쓸모없고 불순한 생각을 뿌리내리지 못하게 관리하고 제거하며 가꿔가야 합니다. 유용하며 옳고 순수한 생각의 꽃과 열매를 완벽하게 재배하기 위해서입니다.

Just as a gardener cultivates his plot, keeping it free from weeds, and growing the flowers and fruits which he requires, so may a man tend the garden of his mind, weeding out all the wrong, useless, and impure thoughts, and cultivating toward perfection the flowers and *fruits of right, useful, and pure thoughts.*

이런 노력을 계속하다 보면 자신이 곧 자기 영혼의 일급 정원사이자 자기 삶의 책임자라는 사실을 깨닫게 됩니다. 또한 생각의 법칙을 발견하게 됩니다. 생각이 가진 두려울 만큼의 큰 힘과 마음에 담긴 것들이 자신의 성격과 환경, 운명을 어떻게 만들어 내고 작용하는지 점점 더 정확하게 이해하게 됩니다.

생각과 그 사람의 인격은 하나이며 환경과 상황을 통해서 드러나고 발견됩니다. 따라서 사람의 삶에 있어서 겉으로 나타나는 외적조건은 언제나 그의 내면적 상태와 관련돼 있는 것입니다.

*By pursuing this process, a man sooner or later discovers that he is the master gardener of his soul, the director of his life. He also reveals, within himself, the laws of thought, and understands with ever-increasing accuracy, how the thought forces and mind elements operate in the shaping of his character, circumstances, and destiny. Thought and character are one, and as character can only manifest and discover itself through environment and circumstance, the outer conditions of a person's life will always be found to be harmoniously related to his inner state.*

이것은 어떤 특정 시점에 보이는 모습이 그의 전체 성격을 나타낸다는 의미가 아닙니다. 모든 외적인 상황에 놓일 때마다 자신 안에 있는 내면적 사고가 밀접하게 연결돼 드러난다는 것입니다. 따라서 상황마다 드러나는 행동이 자신 안에 들어 있는 것을 비추기에 배움과 발전의 기회로 여겨야 합니다.

모든 사람은 존재의 법칙에 따라 태어나 그 자리에 있습니다. 자신의 생각이 성격을 만들었고, 그 생각이 자신을 이곳으로 데려왔습니다. 삶의 규칙은 우연의 요소가 아닌 원인과 결과로 이어지는, 오류 없는 법칙의 결과입니다.

이것은 주변 환경에 만족하는 사람이든 만족하지 못하는 사람에게든 똑같이 적용됩니다.

This does not mean that a man's circumstances at any given time are an indication of his entire character, but that those circumstances are so intimately connected with some vital thought element within himself that, for the time being, they are indispensable to his development.

Every man is where he is by the law of his being. The thoughts which he has built into his character have brought him there, and in the arrangement of his life there is no element of chance, but all is the result of a law which cannot err. This is just as true of those who feel "out of harmony" with their surroundings as of those who are contented with them.

인간은 진보하고 진화하며 성장하는 존재입니다. 인간의 환경이란 성장과 관련돼 있습니다. 성장에 필요한 곳에 머물다 점차 그곳에서의 성장이 다하면 새로운 다른 환경으로 옮겨가게 되는 것입니다.

여기서 한 가지 기억할 것이 있습니다. 자신이 외부 조건이나 환경에 영향을 받는 대상이라고 믿는 한, 실제로 상황에 영향을 받는다는 것입니다. 그러나 자신이 환경을 창조하는 자 즉, '환경이란 내게 필요한 최상의 상태로 만들 수 있는 것'이라고 깨닫는 순간, 비로소 그는 자신의 정당한 주인이 됩니다.

이것은 자신의 인격을 더 좋게 만들려는 노력을 꾸준하게 해 온 사람이라면 누구나 알고 있습니다. 환경은 마음에서 만들어지는 것이란 사실을 말입니다.

그들은 자신의 체험을 통해 변화된 정신 상태와 환경, 상황이 정확히 비례한다는 것을 알아차립니다. 그들은 일련의 변곡점을 빠르게 통과하게 됩니다.

*been in exact ratio with his altered mental condition. So true is this that when a man earnestly applies himself to remedy the defects in his character, and makes swift and marked progress, he passes rapidly through a succession of vicissitudes.*

인간은 내면에 은밀하게 감춰둔 것을 끌어당깁니다. 사랑하는 것은 물론 두려워하는 것까지도 끌어당깁니다. 간직해 온 원대한 포부만큼 높이 오르거나, 절제되지 않은 욕망만큼 추락합니다. 이처럼 지금 펼쳐진 상황이란 자신 속에 있던 생각의 세계가 나타난 것입니다. 이 상황은 불러들인 것을 확인시키는 무대인 것입니다.

마음속에 뿌리거나 뿌리내리도록 허용한 모든 생각의 씨앗은 조만간 행동이라는 꽃으로 드러납니다. 그런 행동이 쌓여 기회와 환경이라는 열매를 맺게 됩니다. 내면에 담긴 것, 뿌려진 것은 반드시 자랄 것입니다. 그러면 환경이라는 열매로 나타나는 불변의 원칙을 어떻게 적용시켜야겠습니까?

*The soul attracts that which it secretly harbors; that which it loves, and also that which it fears. It reaches the height of its cherished aspirations. It falls to the level of its unchastened desires - and circumstances are the means by which the soul receives its own.*

*Every thought seed sown or allowed to fall into the mind, and to take root there, produces its own, blossoming sooner or later into act, and bearing its own fruitage of opportunity and circumstance.*

좋은 생각은 좋은 열매를 맺습니다.

나쁜 생각은 나쁜 열매를 맺어줄 것입니다.

*Good thoughts bear good*

*fruit, bad thoughts bad fruit.*


환경은 내면의 세계를 드러내는 도구입니다. 그러니 좋은 상황이든 나쁜 상황이든 드러난 상황과 환경은 모두 자신을 만들어 낼 기회의 요소들입니다. 이처럼 인간은 수확하는 당사자로서 기쁨과 고통으로부터 자신의 내면에 심은 것을 드러내며 그로부터 배웁니다.

사람이 타락하거나 감옥에 가거나 부랑자가 되는 것은 가혹한 운명이나 주위 환경 탓이 아닙니다. 그것은 구부러진, 또는 비열한 생각과 천박한 욕망의 결과입니다.

Every thought seed sown or allowed to fall into the mind, and to take root there, produces its own, blossoming sooner or later into act, and bearing its own fruitage of opportunity and circumstance. Good thoughts bear good fruit, bad thoughts bad fruit.

The outer world of circumstance shapes itself to the inner world of thought, and both pleasant and unpleasant external conditions are factors which make for the ultimate good of the individual. As the reaper of his own harvest, man learns both by suffering and bliss.

A man does not come to the almshouse or the jail by the tyranny of fate of circumstance, but by the pathway of groveling thoughts and base desires.

깨끗한 마음을 가진 사람이 단순히 외부의 충동으로 범죄를 저지르는 것이 아닙니다. 마음속에 이전부터 은밀하게 내재된 것이 조건과 환경과 일치돼 행위를 진행하게 된 것입니다. 이처럼 상황은 인간이 만드는 것이 아니라 인간을 스스로 드러내는 일인 것입니다.

사악한 마음이 없는데도 악의 구렁텅이에 빠지는 일은 없습니다. 꾸준한 수양을 쌓지 않고 순수한 행복의 경지에 이르는 조건은 존재하지 않습니다. 그러므로 인간은 생각의 주인이며, 주인으로서 자신을 창조하고 환경을 형성하는 창조자입니다.

Nor does a pure-minded man fall suddenly into crime by stress of any mere external force; the criminal thought had long been secretly fostered in the heart, and the hour of opportunity revealed its gathered power.

Circumstance does not make the man; it reveals him to himself. No such conditions can exist as descending into vice and its attendant sufferings apart from vicious inclinations, or ascending into virtue and its pure happiness without the continued cultivation of virtuous aspirations. And man, therefore, as the Lord and master of thought, is the maker of himself, the shaper and author of environment.

세상에 막 태어났을 때 영혼은 내면과 외면의 모습이 같습니다. 사람의 생각은 바로 그 안에 깃든 신입니다. 그렇기에 인생의 역경에 맞닥뜨린 모든 상황에서 영혼은 활동합니다. 자신이 가꿔온 순결함과 더러움, 강인함과 약함을 드러내는 행동을 통해서 말입니다. 그때마다 인간은 자신이 보이고 싶고 드러내고 싶은 행동을 끌어들이지 못합니다. 어떤 일이 벌어진 그 상황에서는 그저 자신 안에 있는 그대로의 것을 드러낼 뿐입니다.

변덕스러운 마음, 공상, 야망은 모든 단계에서 좌절됩니다. 내면 깊숙이 내재돼 있는 생각과 욕망은 그것이 옳은 것이든 그릇된 것이든 그 자체를 자양분으로 성장합니다.

Even at birth the soul comes to its own, and through every step of its earthly pilgrimage it attracts those combinations of conditions which reveal itself, which are the reflections of its own purity and impurity, its strength and weakness.

Men do not attract that which they want, but that which they are.

Their whims, fancies, and ambitions are thwarted at every step, but their inmost thoughts and desires are fed with their own food, be it foul or clean.

각 개인의 환경을 결정하는 근원적 힘은 언제나 자신 안에 있는 것입니다. 사람은 오직 자기 자신에게만 속박되어 있습니다.

저열한 생각과 그로부터 나온 행동은 평화롭고 자유로운 삶이

밖으로 나오지 못하게 지키는 간수가 됩니다. 깨끗하고 고귀한 생각과 그로부터 나온 행동은 평화와 행복을 축복하는 천사가 됩니다. 그들은 고통이라는 속박으로부터 해방됩니다.

The "divinity that shapes our ends" is in ourselves; it is our very self. Man is manacled only by himself. Thought and action are the jailers of Fate – they imprison, being base. They are also the angels of Freedom - they liberate, being noble.

사람이 바라고 원한다고 받는 것이 아니라 정당한 노력으로 무엇이든 받는 것이 아닙니까? 그렇기에 소망하고 바라는 기도는 언제나 생각과 행동이 일치된 조화를 이룰 때만 응답을 받습니다. 이 사실에 근거하면 '상황에 맞서 싸운다'는 말의 뜻은 무엇일까요? 이것은 마음속으로 그럴만한 원인을 키우고 있으면서 결과는 받아들이지 않으려는 것입니다. 원인이란 의식적으로 품은 불순한 생각일 수 있으며, 무의식적으로 품은 나약함이나 연약함일지 모릅니다.

Not what he wishes and prays for does a man get, but what he justly earns. His wishes and prayers are only gratified and answered when they harmonize with his thoughts and actions.

In the light of this truth, what, then, is the meaning of "fighting against circumstances"? It means that a man is continually revolting against an effect without, while all the time he is nourishing and preserving its cause in his heart. That cause may take the form of a conscious vice or an unconscious weakness;

무엇을 품었든 이미 드러난 상황을 아무리 바꾸려고 달려들어도 그 마음속에 품은 것은 상황이 개선되지 못하도록 집요하게 방해할 것입니다. 따라서 이 상황이 벌어지게 만든 '원인' 즉, 의식적이든 무의식적이든 그 안에 품고 있던 생각과 마음을 개선하는 것이 우선 과제입니다.

많은 사람이 자신의 현재 상황이 개선되기를 바라지만 스스로 개선하는 데는 소극적입니다. 결과적으로 현재 상황에 계속 묶여 있게 됩니다. 자기희생을 두려워하는 사람은 마음먹은 일을 성취하는 데 반드시 실패할 수밖에 없습니다.

> but whatever it is, it stubbornly retards the efforts of its possessor, and thus calls aloud for remedy. Men are anxious to improve their circumstances, but are unwilling to improve themselves. They therefore remain bound. The man who does not shrink from self-crucifixion can never fail to accomplish the object upon which his heart is set.

이것은 정신적 목표, 물질적 목표 모두에 해당됩니다. 부를 얻으려는 강렬한 야망이 있는 사람이라면 누구든 그 목표를 이루는 데까지 커다란 자기희생을 치를 준비가 돼 있습니다. 그렇다면 흔들림 없는 평온한 삶, 자유로운 삶을 실현하려는 비장한 여러 가지 목표가 있는 사람은 얼마나 더 그래야 하겠습니까? 희생은 필수가 되지 않겠습니까?

This is as true of earthly as of heavenly things. Even the man whose sole object is to acquire wealth must be prepared to make great personal sacrifices before he can accomplish his object; and how much more so he who would realize a strong and well-poised life?

✦

여기 비참하리만큼 가난한 한 남자가 있습니다. 그는 자신의 처지와 가정 형편이 좀 더 나아지기를 갈망하면서도 언제나 일을 게을리하고 고용주를 속여도 괜찮다는 생각을 가지고 있습니다. 이런 사람은 진정한 부를 이루는 가장 기초적인 원칙, 단순한 원칙을 이해하지 못합니다.

그는 자신의 비참함에서 벗어나는 데 전혀 적합하지 않을 뿐 아니라 실제로 나태하고 기만적이며 비윤리적인 생각에 머물고 행동함으로써 자기 자신에게 더 깊은 비참함을 계속 끌어들입니다.

*Here is a man who is wretchedly poor. He is extremely anxious that his surroundings and home comforts should be improved. Yet all the time he shirks his work, and considers he is justified in trying to deceive his employer on the ground of the insufficiency of his wages. Such a man does not understand the simplest rudiments of those principles which are the basis of true prosperity.*

*He is not only totally unfitted to rise out of his wretchedness, but is actually attracting to himself a still deeper wretchedness by dwelling in, and acting out, indolent, deceptive, and unmanly thoughts.*

여기 폭식으로 고통스럽고 심각한 위장 질환에 시달리는 부자가 있습니다. 그는 이 병을 낫게 하려고 많은 돈을 기꺼이 쓰고 건강을 위해 큰 비용을 지출합니다. 그러나 자신의 몸에 해롭지만 식욕을 충족시키는 음식에 대한 욕망은 희생하지 않습니다. 그는 넘치도록 많은 부와 정갈하지 못한 음식에 대한 만족스런 욕구의 해소, 그리고 건강도 갖고 싶어합니다. 하지만 이 사람은 건강한 삶의 첫 번째 원칙을 배우지 않았기 때문에 건강을 갖기에 적합한 사람이 되지 못합니다.

*Here is a rich man who is the victim of a painful and persistent disease as the result of gluttony. He is willing to give large sums of money to get rid of it, but he will not sacrifice his gluttonous desires. He wants to gratify his taste for rich and unnatural foods and have his health as well. Such a man is totally unfit to have health, because he has not yet learned the first principles of a healthy life.*

여기 정당하지 못한 방법을 써서 정해진 임금을 지불하지 않으려는 고용주가 있습니다. 이런 사람은 번영에 전혀 적합하지 않습니다. 그는 자신의 번영을 위해 부당한 셈법을 찾아냅니다. 훗날 자신의 회사가 파산하거나 부와 명예를 잃었을 때 그 상황을 자신이 만들어 낸 결과, 즉 스스로 자초한 일이라는 사실을 알지 못하고 모든 것을 탓할 것입니다.

*Here is an employer of labor who adopts crooked measures to avoid paying the regulation wage, and, in the hope of making larger profits, reduces the wages of his workpeople. Such a man is altogether* unfitted for prosperity. And when he finds himself bankrupt, both as regards reputation and riches, he blames circumstances, not knowing that he is the sole author of his condition.

이 세 가지 이야기를 한 것은, 인간은 자신이 처한 모든 상황의 원인(거의 무의식적으로라도)을 제공한다는 진리를 설명하기 위해서입니다. 모든 상황을 제공한 사람은 자기 자신이며 원하는 목표와는 전혀 다른 생각과 욕망, 행동을 키움으로써 좌절로 이어진 결과를 만들어 낸다는 것을 알게 하려는 것입니다.

즉, 원대한 목적을 추구하면서도 그 목적과 조화를 이룰 수 없는 생각과 욕망을 키움으로써 그 목적의 성취를 끊임없이 좌절시키고 있다는 것입니다. 이런 일은 무수히 많이 퍼져 있습니다. 하지만 우리는 멈출 수 있습니다. 인간은 마음만 먹으면 언제든 자신의 마음과 삶에서 이 진리의 법칙이 실제로 어떻게 입증되는지 확인해 낼 수가 있습니다. 자신 스스로 이런 사실을 검증해서 결론을 얻을 때까지는 설득이 아무런 소용이 없을 것입니다.

I have introduced these three cases merely as illustrative of the truth that man is the cause (though nearly always unconsciously) of his circumstances.

That, while aiming at the good end, he is continually frustrating its accomplishment by encouraging thoughts and desires which cannot possibly harmonize with that end. Such cases could be multiplied and varied almost indefinitely, but this is not necessary. The reader can, if he so resolves, trace the action of the laws of thought in his own mind and life, and until this is done, mere external facts cannot serve as a ground of reasoning.

각 사람이 처한 상황은 너무나 복잡합니다. 생각은 끝을 알 수 없는 깊이로 각 개인의 내면에 뿌리 깊이 내려 있고, 행복의 조건 역시 사람마다 모두 다릅니다. 그렇기에 겉으로 드러난 삶만으로 다른 사람을 판단하는 것은 도저히 불가능한 일입니다.

정직한 사람도 가난할 수 있고 정직하지 못해도 부유한 사람이 있습니다. 겉으로 이런 모습을 보고 '그는 정직한데도 가난하다, 그는 비정직한데도 부유하다'라고 단편적으로 생각한다면 그것은 잘못입니다.

Circumstances, however, are so complicated, thought is so deeply rooted, and the conditions of happiness vary so vastly with individuals, that a man's entire soul condition (although it may be known to himself) cannot be judged by another from the external aspect of his life alone.

A man may be honest in certain directions, yet suffer privations. A man may be dishonest in certain directions, yet acquire wealth.

표면적으로 본 평가 이면에는 '정직하지 못한 사람은 타락한 사람, 정직한 사람은 훌륭한 덕목을 지닌 사람'이라는 전제 조건을 두고 있습니다. 하지만 부정직한 사람이라고 판단했던 그 사람이 다른 사람에게 없는 훌륭한 미덕을 가졌을 수 있고, 정직한 사람이라도 겉으로 드러나지 않은 사악함을 가졌을 수 있습니다.

정직한 사람은 자신의 정직한 생각과 행동 덕분에 좋은 결과를 얻습니다. 동시에 숨겨진 내면의 또 다른 악함이 가져온 고통도 함께 어울러 받습니다. 정직하지 못한 사람도 자기가 품은 악으로 고통을 받습니다. 하지만 그와 동시에 또 다른 어떤 좋은 면으로부터 행복도 함께 누리는 것입니다.

But the conclusion usually formed that the one man fails because of his particular honesty, and that the other prospers because of his particular dishonesty, is the result of a superficial judgment, which assumes that the dishonest man is almost totally corrupt, and honest man almost entirely virtuous. In the light of a deeper knowledge and wider experience, such judgment is found to be erroneous. The dishonest man may have some admirable virtues which the other does not possess; and the honest man obnoxious vices which are absent in the other.

The honest man reaps the good results of his honest thoughts and acts; he also brings upon himself the sufferings which his vices produce. The dishonest man likewise garners his own suffering and happiness.

'사람이 너무 착하면 고통이 끊이지 않는다'는 말은 자신이 처한 현재 상황을 미화시켜 말하고 싶은 사람들에게나 딱 어울리는 말입니다. 이것은 자신을 개선시키려는 노력은 하지 않겠다는 말입니다. 내면에 감춰진 집착적인 생각, 악의에 찬 생각, 불결한 생각을 완전하게 없애지 않고 행동도 하지도 않으면서 이렇게 말하는 것은 악취를 풍기는 일일 뿐입니다.

마음속에 옳은 것을 품고 생각하는 정점에 익숙하게 다다를 때까지 멈추지 않고 정진해 보십시오. 반드시 정신과 삶과 환경이 완전하게 바뀌는 이 위대한 법칙을 발견하게 될 것입니다. 자신의 고통이 자신의 나쁜 자질 때문이 아니라 선의 결과라는 것을 말입니다.

*It is pleasing to human vanity to believe that one suffers because of one's virtue. But not until a man has extirpated every sickly, bitter, and impure thought from his mind, and washed every sinful stain from his soul, can he be in a position to know and declare that his sufferings are the result of his good, and not of his bad qualities. And on the way to that supreme perfection, he will have found working in his mind and life, the Great Law.*

이 완벽하고도 정의로운 법칙은 절대로 공의롭습니다. 이 법칙은 결코 선을 악으로 보상하지 않습니다. 또한 악을 선으로 주지 않습니다. 이 위대한 법칙의 지식을 터득하고 난 뒤에야 과거에 자신에게 일어난 그 많은 일이 공평한 질서가 작용돼 나타났다는 것을 스스로 확인하게 될 것입니다. 과거에 했던 선한 행동과 악한 행동도 모든 체험이 미숙한 상태로 열심히 진화하면서 나아가고 있던 것이라는 사실을 말입니다.

좋은 생각과 행동은 결코 나쁜 결과를 낳지 않습니다. 나쁜 생각과 행동은 결코 좋은 결과를 낳을 수 없습니다.

이것은 옥수수에서 옥수수 외에는 아무것도 나올 수 없고 쐐기풀에서 쐐기풀 외에는 아무것도 나올 수 없는 것과 같습니다. 사람은 이 자연생태계의 법칙을 알고 농사를 짓습니다. 하지만 정신과 도덕적인 세계에서도 이 단순하고 엄정한 법칙이 적용된다는 사실은 망각하고 따르지 않습니다.

고통은 언제나 어떤 방향에서든 잘못된 생각의 결과입니다. 그것은 인간의 존재의 법칙이 내면의 생각과 조화를 이루지 못한다는 사실이 겉으로 드러난 것뿐입니다.

This is but saying that nothing can come from corn but corn, nothing from nettles but nettles. Men understand this law in the natural world, and work with it. But few understand it in the mental and moral world (though its operation there is just as simple and undeviating), and they, therefore, do not cooperate with it.

Suffering is always the effect of wrong thought in some direction. It is an indication that the individual is out of harmony with himself, with the Law of his being.

✦

고통의 유일한 쓰임새이자 최상의 목적은 불순한 생각과 마음에 품은 것을 확인하는 순간입니다. 그것을 확인하고 깨닫고 인정하고 모두 태워버리고 정화시키는 새료로 사용해야 합니다. 순수한 사람, 모든 것을 정화한 사람, 마음에 선함이 가득하고 남을 돕고 희생하는 이에게는 어려움이 멈춥니다. 순결한 사람, 정화된 사람에게 고통은 사라집니다.

모든 불순물이 제거된 금은 더 이상 불에 달굴 필요가 없듯 완벽한 순수함, 선함, 옳은 생각, 이로운 마음을 품은 사람은 모든 것을 이룹니다. 이 온전한 법칙을 이해하고 받아들이고 실천하는 사람은 그 내면에서 원하는 것이 스스럼없이 이뤄집니다.

The sole and supreme use of suffering is to purify, to burn out all that is useless and impure. Suffering ceases for him who is pure. There could be not object in burning gold after the dross had been removed, and perfectly pure and enlightened being could not suffer.

고통스러운 상황은 나쁜 생각을 한 결과입니다. 자신의 내면에 쌓아 놓은 생각과 자신이 원하고 바라는 목표의 조화가 깨졌을 때 나타나는 것입니다. 개인이 축복을 느끼는 것은 물질 소유의 양이 아닌 그가 내면에 품은 것을 얻은 결과입니다. 사람은 고뇌 속에서 부를 이룰 수도 있고, 기쁜 일을 경험하면서도 가난해질 수 있습니다. 기쁨도 존재하면서 부까지 더해지는 상황이란, 부를 정당하게 얻은 것이면서 현명하게 사용될 때만 성립됩니다.

The circumstances which a man encounters with suffering are the result of his own mental inharmony. The circumstances which a man encounters with blessedness, not material possessions, is the measure of right thought.

Wretchedness, not lack of material possessions, is the measure of wrong thought. A man may be cursed and rich; he may be blessed and poor. blessedness and riches are only joined together when the riches are rightly and wisely used.

가난한 사람은 자신의 운명을 부당하게 짊어지게 된 '짐'이라고 여길 때 더 비참한 나락으로 떨어집니다. 지나친 과잉이나 지나친 결핍은 두 가지 모두 양 끝의 극단입니다. 두 가지 모두 똑같이 부자연스러운 현상입니다. 자연의 섭리에 어긋난 것이며 정신적 혼란이 빚은 결과입니다. 사람은 행복하고 건강하고 풍요로운 존재로 충만하게 되기 전까지는 가장 완벽한 상태의 올바른 조건을 모두 깨닫는 것이 어렵습니다.

행복과 건강, 풍요로운 번영은 마음속의 생각과 환경이 다툼 없이 평화로울 때 얻게 되는 것입니다. 탓하거나 욕하는 일, 징징거리는 불평을 멈추고 인간의 삶을 만들어 내는 '숨겨진 정의'를 찾기 시작할 때 비로소 진정으로 인간다운 삶이 시작됩니다.

And the poor man only descends into wretchedness when he regards his lot as a burden unjustly imposed. Indigence and indulgence are the two extremes of wretchedness. They are both equally unnatural and the result of mental disorder. A man is not rightly conditioned until he is a happy, healthy, and prosperous being. And happiness, health, and prosperity are the result of a harmonious adjustment of the inner with the outer, of the man with his surroundings.

A man only begins to be a man when he ceases to whine and revile, and commences to search for the hidden justice which regulates his life.

그때서야 비로소 지금 내 상태를 만든 원인으로 규정했던, 다른 사람과 그 모든 것에 대한 비난을 멈추고 자기를 강화시키는 고귀한 생각으로 자신을 만들어 가게 됩니다. 이제 내 삶의 환경과 상황에 맞서 싸우는 것을 멈추고, 인간 내면의 마음과 생각에 감춰져 있던 힘과 가능성을 사용하는 것입니다.

우주를 지배하는 원리는 혼돈이 아닌 법입니다. 사람에게 적용되는 지배 원리는 정의입니다. 불의는 인간의 풍요로움에 관여되는 원리가 아닙니다. 정의는 삶의 영혼이자 실체입니다. 올바름과 의로움은 인간의 내면 세상을 형성하고 움직이는 힘입니다.

And as he adapts his mind to that regulating factor, he ceases to accuse others as the cause of his condition, and builds himself up in strong and noble thoughts.

He ceases to kick against circumstances, but begins to use them as aids to his more rapid progress, and as a means of discovering the hidden powers and possibilities within himself.

Law, not confusion, is the dominating principle in the universe. Justice, not injustice, is the soul and substance of life. And righteousness, not corruption, is the molding and moving force in the spiritual government of the world.

그러므로 우주의 힘의 원칙을 인식하는 가운데 자신을 바로 잡아야 하는 것입니다. 이 과정에서 사물과 다른 사람에 대한 나 자신의 생각을 바꾸면 사물과 다른 사람들도 나를 향해 변화한다는 것을 알게 될 것입니다. 그런 과정에서 이 원칙의 확고함을 확인해 나가게 될 것입니다. 이 진리의 증거는 확인하려는 모든 사람에게 드러납니다. 따라서 자기 성찰과 자기 분석을 계속해 나가십시오.

사람이 자신의 생각을 근본적으로 바꿨을 때, 삶을 둘러싼 물질적 조건들이 너무나 빠르게 바뀌는데 놀랄 것입니다. 사람들은 생각이 드러나지 않는 비밀이라고 생각하지만 그렇지 않습니다. 생각은 습관으로 빠르게 굳어지고 모든 생활방식으로 드러나기 때문입니다.

This being so, man has but to right himself to find that the universe is right; and during the process of putting himself right, he will find that as he alters his thoughts toward things and other people, things and other people will alter toward him.

The proof of this truth is in every person, and it therefore admits of easy investigation by systematic introspection and self-analysis. Let a man radically alter his thoughts, and he will be astonished at the rapid transformation it will effect in the material conditions of his life.

Men imagine that thought can be kept secret, but it cannot.


불순한 생각은 방탕한 습관과 술 취함과 저속한 태도를 낳습니다. 이로써, 그로부터 야기된 질병과 가난을 만듭니다. 신경질적이고 무질서한 습관으로 나타나며, 모든 일이 혼란스럽게 일어나고, 고난이 가득 찬 환경의 모습으로 드러납니다.

두려움, 의심, 우유부단한 생각은 나약하고 겁 많고 단호하지 못한 습관으로 나타나며 실패, 가난, 노예 같은 의존적 상황으로 나타납니다.

걱정과 근심으로 고민을 계속 생각하는 마음은 무엇에든 의지하고 이리저리 끌려다니는, 머슴 같은 근성으로 나타납니다.

It rapidly crystallizes into habit, and habit solidifies into habits of drunkenness and sensuality, which solidify into circumstances of destitution and disease.

Impure thoughts of every kind crystallize into enervating and confusing habits, which solidify into distracting and adverse circumstances.

*Thoughts of fear, doubt, and indecision crystallize into weak, unmanly, and irresolute habits, which solidify into circumstances of failure, indigence, and slavish dependence.*

부정적 생각, 적대심에 가득 찬 생각은 항상 남을 비난하는 태도로 드러납니다. 남을 배려하지 않고 자기주장을 내세우기 때문에 어려울 때 돕는 이가 적고 적들이 주위를 둘러싼 환경에 놓입니다. 게으른 생각은 불결하고 부정직한 습관으로 굳어지고 이는 더러움과 궁핍한 상황을 낳습니다.

증오와 저주가 가득 찬 생각은 남을 탓하고 괴롭히는 습관으로 굳어지고 이는 상해를 입히고 핍박하는 상황으로 굳어집니다. 모든 종류의 이기적인 생각은 자신이 추구하는 습관으로 결정되고 고통스러운 상황으로 굳어집니다.

*Lazy thoughts crystallize into habits of uncleanliness and dishonesty, which solidify into circumstances of foulness and beggary.*

*Hateful and condemnatory thoughts crystallize into habits of accusation and violence, which solidify into circumstances of injury and persecution. Selfish thoughts of all kinds crystallize into habits of self-seeking, which solidify into circumstances more of less distressing.*

반면에, 깨끗하고 이롭고 선하고 아름다운 생각은 품위 있고 친절한 습관으로 나타나며, 그로 인해 사람들로부터 선의와 호의를 받고 밝은 환경을 낳습니다.

순수하고 순결하며 선한 생각들은 절제와 자제력이 포함된 습관들로 이어지며, 그로부터 평안하고 평화로운 환경으로 나타납니다.

용기와 신념에 찬 생각은 남에게 의지하지 않으며 냉철하고 바른 판단력으로 나타나 성공과 풍요로움, 자유로운 삶을 누리는 것을 낳습니다.

*On the other hand, beautiful thoughts of all crystallize into habits of grace and kindliness, which solidify into genial and sunny circumstances.*

*Pure thoughts crystallize into habits of temperance and self-control, which solidify into circumstances of repose and peace.*

*Thoughts of courage, self-reliance, and decision crystallize into manly habits, which solidify into circumstances of success, plenty, and freedom.*

활기찬 생각은 맑고 부지런한 습관으로 나타나며, 삶에 긍정적이고 적극적인 생활방식과 기쁨이 넘쳐흐르는 것을 낳습니다.

친절하고 배려심 많고 너그러운 생각은 따뜻한 마음을 드러내는 습관으로 나타나며, 남을 위해 봉사하거나 사람을 사랑으로 대하는 태도로 드러납니다.

남을 사랑하고 배려하는 생각은 자신을 희생하는 태도로 드러나며, 그로부터 지속적인 번영과 진정한 내면의 충만함이라는 환경을 낳습니다.

*Energetic thoughts crystallize into habits of cleanliness and industry, which solidify into circumstances of pleasantness.*

*Gentle and forgiving thoughts crystallize into habits of gentleness, which solidify into protective and preservative circumstances.*

*Loving and unselfish thoughts crystallize into habits of self-forgetfulness for others, which solidify into circumstances of sure and abiding prosperity and true riches.*

이렇듯 좋은 생각이든 나쁜 생각이든 어떤 생각을 지속적으로 계속하면 반드시 그 결과가 인격과 상황으로 나타납니다. 사람은 자신의 환경을 직접 선택할 수는 없지만 생각은 선택할 수 있습니다.

생각을 선택하는 것은 환경을 변화시키는 간접적인 방법이자 환경을 바꾸는 확실한 법칙입니다. 악한 생각이든 선한 생각이든, 그 생각은 현실로 빠르게 이뤄지고 기회를 만들어 펼치고 드러내기 때문입니다.

*A particular train of thought persisted in, be it good or bad, cannot fail to produce its results on the character and circumstances. A man cannot directly choose his circumstances, but he can choose his thoughts, and so indirectly, yet surely, shape his circumstances.*

*Nature helps every man to the gratification of the thoughts which he most encourages, and opportunities are presented which will most speedily bring to the surface both the good and evil thoughts.*

✦

씨앗이 땅에 심겨 자라났을 때 그 씨앗의 열매만이 열리듯 자연은 인간에게 이 법칙을 일깨워 줍니다. 사악한 생각, 나쁜 생각, 부정적이고 거만한 생각, 온통 자기중심에서 옳고 그른 것을 기준으로 내세우는 생각을 중단하면 온 세상이 그를 향해 부드러워지고 그를 도울 준비가 될 것입니다.

Let a man cease from his sinful thoughts, and all the world will soften toward him, and be ready to help him. Let him put away his weakly and sickly thoughts, and lo! opportunities will spring up on every hand to aid his strong resolves.

좋은 생각, 선한 생각, 너그러운 생각, 희생적이고 이타적인 생각을 키워나가면 어떤 역경도 그 사람을 비참하고 수치스러운 상황이 되도록 떨어뜨리지 못합니다.

세상은 자신이 만드는 만화경(거울 세 장을 겹쳐 넣은 긴 통에 원색의 조각이나 알갱이를 넣어 투명한 용기에 밀폐해 들여다보는 물건으로 19세기 초에 영국의 물리학자 브루스터가 고안함)입니다. 매 순간마다 다양한 색으로 보이는 색채는 생각에 따라 정교하게 바뀌는 내 삶의 환경과 같은 구조이기 때문입니다.

Let him encourage good thoughts, and no hard fate shall bind him down to wretchedness and shame.

The world is your kaleidoscope, and the varying combinations of colors which at every succeeding moment it presents to you are the exquisitely adjusted pictures of your evermoving thoughts.

그대는 자신이 원하는 사람이 될 것입니다.

실패를 환경과 세상 탓이라고 하겠지만

고상하고 바른 생각을 하는 사람은

그런 생각과 환경에 아무런 관련 없이

항상 자유롭습니다.

그는 시간을 지배하며 시간의 주인이 됩니다.

그리고 환경과 공간을 정복하는 주인이 됩니다.

*You will be what you will to be;*

*Let failure find its false content*

*In that poor word, "environment,"*

*But spirit scorns it, and is free.*

*It masters time, it conquers space;*

*It cows that boastful trickster, Chance,*

요행이나 운, 우연이라는 사기꾼에게 호통을 칠 것입니다.

그리고 '환경', '조건'이라는 지배자에게서

주도권을 빼앗을 것입니다.

스스로 창조한 '나'

인간 내면에 품은 생각, 그 보이지 않는 힘,

생각과 마음으로 이뤄진 그 불멸의 힘은

그 어떤 거대한 바위라도 기어코 뚫고

목표에 도달하게 만듭니다.

기어코 그 안에 품은 그대로

환경과 조건으로 드러날 뿐입니다.

다만, 그것이 무엇이든 늦다 해도 기다리십시오.

내면의 목소리가 뿜어져 오르며 명령할 때

그것이 옳은 것이든 옳지 않은 것이든

세상의 모든 신은 복종할 것이니.

*The human Will, that force unseen,*

*The offspring of a deathless Soul,*

*Can hew a way to any goal,*

*Though walls of granite intervene.*

*Be not impatient in delay,*

*But wait as one who understands;*

*When spirit rises and commands,*

*The gods are ready to obey.*

# 3.

## 나쁜 생각을 하는지
## 단번에 알 수 있는 방법

✳

몸은 마음의 종입니다. 몸은 마음의 작용에 순응합니다. 자발적으로 선택하든, 무의식적으로든 결과는 같습니다. 옳지 못한 생각을 하면 몸은 급속히 병에 노출됩니다. 즐겁고 아름답고 선한 생각을 하면 몸은 젊음을 오래도록 지속합니다. 질병과 건강은 앞서 살펴본 상황과 똑같이 생각에 뿌리를 두고 있습니다. 병든 생각은 병든 몸으로 자신을 표현합니다.

모든 두려움은 총알처럼 빠르게 사람을 죽음에 이르게 할 수 있습니다. 당장은 아니더라도 때로는 서서히 죽음으로 몰아갑니다.

*The body is the servant of the mind. It obeys the operations of the mind, whether they be deliberately chosen or automatically expressed. At the bidding of unlawful thoughts the body sinks rapidly into disease and decay; at the command of glad and beautiful thoughts it becomes clothed with youthfulness and beauty.*

*Disease and health, like circumstances, are rooted in thought. Sickly thoughts will express themselves through a sickly body. Thoughts of fear have been known to kill a man as speedily as a bullet, and they are continually killing thousands of people just as surely though less rapidly.*

**건강염려증이 많은 사람은 머지않아 병을 얻게 마련입니다. 불**

안은 활력을 떨어뜨리고 질병에 취약한 몸으로 만들기 때문입니다.

나쁜 생각은 신경계의 체계를 손상시킵니다. 강인하고 순결하고 즐거운 생각만이 몸을 활기차고 품위 있게 만들 수 있습니다. 몸이란 섬세하고 유연한 기관이기 때문에 습관처럼 계속 품고 있는 생각에 따라 점점 더 확실하고 민감하게 반응합니다.

부정하고 오염된 생각을 계속 품고 있는 한 나쁜 피가 온몸을 채울 것입니다. 깨끗한 마음에서 깨끗한 삶, 환경, 인생이 나오며 깨끗한 몸도 나옵니다.

더럽혀진 마음이 더럽혀진 삶과 병든 몸으로 이어집니다. 생각은 행동과 삶, 모든 외적인 것들의 원천의 샘이기 때문입니다. 따라서 샘을 깨끗하게 만들면 모든 것이 깨끗해질 것입니다.

The people who live in fear of disease are the people who get it. Anxiety quickly demoralizes the whole body, and lays it open to the entrance of disease; while impure thoughts, even if not physically indulged, will soon shatter the nervous system.

Strong, pure, and happy thoughts build up the body in vigor and grace. The body is a delicate and plastic instrument, which responds readily to the thoughts by which it is impressed, and habits of thought will produce their own effects, good or bad, upon it.

Men will continue to have impure and poisoned blood so long as they propagate unclean thoughts. Out of a clean heart comes a clean life and a clean body. Out of a defiled mind proceeds a defiled life and corrupt body. Thought is the fountain of action, life and *manifestation; make the fountain pure, and all will be pure.*

건강을 위해 먹는 음식을 바꾼다 해도 생각을 바꾸지 않으면 원하는 변화를 얻을 수 없습니다. 오히려 건강하고 순수하고 선한 생각을 하게 됐을 때, 불순한 음식을 원하는 마음조차 저절로 사라집니다. 깨끗한 생각은 깨끗한 습관으로 연결되기 때문입니다.

건강한 몸을 원한다면 그 크기만큼 마음을 지키십시오. 몸을 새롭고 건강하게 변화시키고 싶다면 마음을 아름답게 하십시오. 악의적인 생각, 시기심, 실망과 낙담한 생각은 몸의 건강을 앗아갈 뿐 아니라 받게 될 축복마저 빼앗아 갑니다.

*Change of diet will not help a man who will not change his thoughts. When a man makes his thoughts pure, he no longer desires impure food.*

*If you would perfect your body, guard your mind. If you would renew your body, beautify your mind. Thoughts of malice, envy, disappointment, despondency, rob the body of its health and grace. A sour face does not come by chance; it is made by sour thoughts.*

흉악한 인상은 저절로 그렇게 된 것이 아니라 포악하고 나쁜 기질의 생각이 행동으로 이어지면서 만들어진 것입니다. 미소 짓게 하는 아름다운 노년의 주름이 있고 거칠고 피하고 싶은 노년의 주름이 있습니다. 주름은 나이 들어 자연스레 생기는 것 같아도 그 주름들 모두 어리석음과 탐욕, 자만심이 만든 흔적입니다.

나는 소녀처럼 밝고 해맑은 얼굴을 가진 96세의 여성을 알고 있습니다. 또한 실제 나이보다 훨씬 늙어 보이는 젊은 남자도 알고 있습니다. 할머니의 얼굴은 언제나 부드럽고 상냥하며 밝은 마음을 지닌 결과이며, 젊은 남자의 얼굴은 욕심과 그로부터 생긴 불만에 가득 찬 성격의 결과입니다.

우리는 집안에 공기와 햇빛이 잘 들어오도록 만들어 쾌적하고 좋은 거처가 되도록 관리합니다. 튼튼한 몸과 밝고 행복하고 고요하고 빛나는 얼굴은 기쁨과 선의와 평온의 생각을 마음속에 가득 채울 때 얻을 수 있습니다.

Wrinkles that mar are drawn by folly, passion, pride.

I know a woman of ninety-six who has the bright, innocent face of a girl. I know a man well under middle age whose face is drawn into inharmonious contours. The one is the result of a sweet and sunny disposition; the other is the outcome of passion and discontent.

As you cannot have a sweet and wholesome abode unless you admit the air and sunshine freely into your rooms, so a strong body and a bright, happy, or serene countenance can only result from the free admittance into the mind of thoughts of joy and good will and serenity.

노인의 얼굴에는 동정심이 들게 만드는 주름이 있습니다. 굳건하고 순수한 생각으로 만들어진 주름도 있고 탐욕으로 인해 만들어진 주름도 있습니다. 이들의 차이를 구별하지 못할 사람이 누가 있겠습니까?

정의롭고 의롭고 선하고 따스한 인생을 살아온 사람들과 함께한 세월들은 석양처럼 차분하며 평화롭고 부드럽게 흔적을 남깁니다.

최근에 한 철학자의 임종을 지켜봤습니다. 그는 나이를 많이 먹었지만 늙지 않은 사람이었습니다. 노인이지만 노인처럼 보이지 않는 사람이었습니다. 그는 생전의 모습 그대로, 그가 살아왔던 모습 그대로 아름답고 평화롭게 죽었습니다.

On the faces of the aged there are wrinkles made by sympathy, others by strong and pure thought, others are carved by passion. Who cannot distinguish them? With those who have lived righteously, age is calm, peaceful, and softly mellowed, like the setting sun. I have recently seen a philosopher on his deathbed. He was not old except in years. He died as sweetly and peacefully as he had lived.

몸에 생긴 병을 몰아내는 데는 밝고 신나고 감사하고 모든 것을 있는 그대로 받아들이며 순응하는 마음보다 더 좋은 것이 없습니다. 인간에게 있어 생각보다 더 훌륭한 의사는 없습니다. 슬픔과 비탄과 상처와 아픔의 그림자를 없애는 데는 선한 생각보다 더 좋은 약이 없습니다. 악의적인 생각과 의심하는 마음, 시기심 있는 생각 속에서 계속 사는 것은 스스로 만든 감옥 구덩이에 갇혀 사는 것과 같습니다.

모든 사람에게서 좋은 점을 보고 그것을 귀하게 여기는 마음을 배우는 것이야말로 천국의 문 앞에 있는 것입니다. 날마다 살아 있는 모든 것들에 대한 평화로운 생각에 잠기는 것이야말로 그 생각을 품은 당사자에게 넘치는 평화를 가져다 줄 것입니다.

There is no physician like cheerful thought for dissipating the ills of the body; there is no comforter to compare with good will for dispersing the shadows of grief and sorrow. To live continually in thoughts of ill will, cynicism, suspicion, and envy, is to be confined in a self-made prison hole. But to think well of all, to be cheerful with all, to patiently learn to find the good in all - such unselfish thoughts are the very portals of heaven; and to dwell day to day in thoughts of peace toward every creature will bring abounding peace to their possessor.

# 4.
## 오직 생각이 방황하지 않도록
## 마음을 목표에 헌신하십시오

✦

생각이 목적과 연결되기 전까지는 진취적인 성취를 이룰 수 없습니다. 하지만 대다수가 이 귀한 '생각'을 인생에서 이리저리 표류하도록 내버려둡니다. 인생에서 목적 없는 표류는 죄악입니다. 인생에서 재난과 고통을 피하려는 사람이라면 이런 표류가 계속되어서는 안 됩니다.

삶을 붙잡을 목적 없는 사람은 많은 걱정과 두려움, 고민거리들과 자기 연민에 쉽게 빠집니다. 안타깝게도 이런 징후들은 모두 내면의 나약함에서 일어나는 일들입니다.

그뿐만 아니라 의도적인 범죄를 저질렀을 때와 동일한 결과인 실패와 불행, 상실을 겪게 됩니다. 나약함은 강력한 에너지로 진화를 거듭하는 우주 속에서 지속될 수 없습니다. 그러므로 사람은 누구나 마음속에 올바른 목적과 그에 따른 목표를 세우고 이루려는 노력을 계속해야 합니다. 기질에 따라 목표는 달라도 자신이 세운 목표에 꾸준히 사고력을 집중시켜야 할 것입니다.

*Until thought is linked with purpose there is no intelligent accomplishment. With the majority the bark of thought is allowed to "drift" upon the ocean of life. Aimlessness is a vice, and such drifting must not continue for him who would steer clear of catastrophe and destruction.*

*They who have no central purpose in their life fall an easy prey to worries, fears, troubles, and self-pityings, all of which are indications of weakness, which lead, just as surely as deliberately planned sins (though by a different route), to failure, unhappiness, and loss, for weakness cannot persist in a power-evolving universe.*

*A man should conceive of a legitimate purpose in his heart, and set out to accomplish it. He should make this purpose the centralizing point of his thoughts. It may take the form of a spiritual ideal, or it may be a worldly object, according to his nature at the time being. But whichever it is, he should steadily focus his thought forces upon the object which he has set before him.*

덧없는 망상 속에 빠져 있지 마십시오. 우선적인 의무로써 노력을 아끼지 마십시오. 막연한 동경과 공상이 아닌, 생각이 방황하지 않도록 마음의 생각을 헌신하십시오. 목표를 향해 노력하겠다는 결심만이 스스로를 통제하고 생각에 집중하도록 만드는 왕도입니다.

목표로 한 걸음씩 나아갈 때 자주 실패하겠지만 실패는 진정한 성공에 꼭 필요한 과정, 혹은 요소라고 여기게 될 것입니다. 그로부터 얻은 강인함은 승리를 위한 새로운 출발점이 되어줄 것입니다.

커다란 목적이나 목표가 부담스러운 사람이라면 자신이 하는 그어떤 하찮은 일이라도 완벽하게 수행하는 데 생각을 집중해야 합니다. 이렇게 생각을 모으고 목적을 설계하면 추진력을 기를 수 있습니다. 이런 과정으로 이루지 못할 것은 아무것도 없을 것입니다.

아무리 약한 영혼도 자신의 약함을 알고 노력과 연습으로 힘을 기를 수 있다는 사실을 믿는다면, 아무리 약한 내면을 가진 사람이라도 마침내 강해질 수 있습니다.

*He should make this purpose his supreme duty, and should devote himself to its attainment, not allowing his thoughts to wander away into ephemeral fancies, longings, and imaginings. This is the royal road to self-control and true concentration of thought. Even if he fails again and again to accomplish his purpose (as he necessarily must until weakness is overcome), the strength of character gained will be the measure of his true success, and this will form a new starting point for future power and triumph. Those who are not prepared for the apprehension of a great purpose, should fix the thoughts upon the faultless performance of their duty, no matter how insignificant their task may appear. Only in this way can the thoughts be gathered and focused, and resolution and energy be developed, which being done, there is nothing which may not be accomplished.*

*The weakest soul, knowing its own weakness, and believing this truth - that strength can only be developed by effort and practice, will at once begin to exert itself, and adding effort to effort, patience to patience, and strength to strength, will never cease to develop, and will at last grow divinely strong.*

몸이 약한 사람도 몸에 맞는 적당한 훈련으로 신체를 강하게 만들 수 있듯이, 생각이 약한 사람도 바른 생각으로 자신을 단련함으로써 정신을 강하게 만들 수 있습니다.

목적의식 없는 나약한 생각을 버리고 목적을 갖고 생각하기 시작하십시오. 그것은 실패는 성공으로 가는 요소에 포함돼 있을 뿐이라고 믿는 사람들, 모든 상황을 자신에게 도움이 되도록 노력하는 사람들, 강인한 정신력으로 두려움 없이 도전하며 원하는 것을 훌륭하게 이룬 성공한 사람들의 대열에 들어가는 것입니다.

*As the physically weak man can make himself strong by careful and patient training, so the man of weak thoughts can make them strong by exercising himself in right thinking.*

*To put away aimlessness and weakness, and to begin to think with purpose, is to enter the ranks of those strong ones who only recognize failure as one of the pathways to attainment; who make all conditions serve them, and who think strongly, attempt fearlessly, and accomplish masterfully.*

일단 목표를 설정한 사람은 한눈팔지 않고 갈 수 있는 정확한 지도, 곧은 결정을 마음에 두어야 합니다. 의심과 두려움은, 목표로 뻗어 있는 곧은길을 아예 끊어 버리거나 휘어 쓸모없게 만들며 노력을 무가치한 낭비로 전락시킵니다. 의심과 두려움에 가득 찬 생각으로는 결코 그 어느 것도 이룰 수 없고 언제나 실패뿐입니다. 목표와 활력, 실천하는 행동 같은 모든 종류의 강인한 생각은 그것들을 파괴시켜 줄 것입니다.

사람의 의지는 '나는 그것을 달성할 수 있다.'라는 믿음에서 솟

아닙니다. 의심과 두려움은 바로 이 믿음 즉, 신념의 최대의 적입니다. 따라서 의심과 두려운 마음을 없애지 않고 목표를 향한 노력을 계속하는 것이야말로 자신의 발전을 스스로 방해하고 있는 것과 같습니다.

Having conceived of his purpose, a man should mentally mark out a straight pathway to its achievement, looking neither to the right nor to the left.

Doubts and fears should be rigorously excluded; they are disintegrating elements which break up the straight line of effort, rendering it crooked, ineffectual, useless. Thoughts of doubt and fear never accomplish anything, and never can. They always lead to failure. Purpose, energy, power to do, and all strong thoughts cease when doubt and fear creep in.

The will to do springs from the knowledge that we can do. Doubt and fear are the great enemies of knowledge, and he who encourages them, who does not slay them, thwarts himself at every step.

두려움과 의심을 정복한 사람은 실패를 정복한 사람입니다. 모든 생각은 힘을 만들어 내며 고난에 맞서게 하고 지혜롭게 극복하게 만듭니다. 그 결과 목표는 시기에 맞게 심어지고 꽃을 피우고 열매를 맺고 풍성한 수확으로 이어집니다.

두려움 없이 목표를 향해 하나로 결합된 생각은 창조적인 힘이 됩니다. 이것을 아는 사람은 흔들리는 생각이나 요동치고 변덕스러운 감정 덩어리의 사람이 아닌, 보다 더 높고 강한 누군가가 될 준비가 된 사람입니다. 이렇게 하는 사람은 의식적이고 지적인 정신력의 소유자가 됩니다.

He who has conquered doubt and fear has conquered failure. His every thought is allied with power, and all difficulties are bravely met and wisely overcome. His purposes are seasonably planted, and they bloom and bring forth fruit which does not fall prematurely to the ground.

Thought allied fearlessly to purpose becomes creative force. He who knows this is ready to become something higher and stronger than a mere bundle of wavering thoughts and fluctuating sensations. He who does this has become the conscious and intelligent wielder of his mental powers.

# 5.
## 사람은 자신이 생각한 대로,
## 오직 그대로 존재하게 됩니다

＊

사람이 성취하는 모든 것과 성취하지 못하는 모든 것은, 자신의 생각의 직접적인 결과입니다. 균형을 잃으면 완전한 파멸로 이어지는 우주의 완벽한 질서 속에서 개인의 책임은 절대적입니다. 우주의 질서는 그 자체로 완전하기 때문에 궤도에서 이탈하는 결정을 내린 즉시, 그 결과의 영향은 개인이 받습니다.

사람이 가진 나약함, 강인함, 순수함과 불순함은 모두 그 자신의 것입니다. 자기 스스로 만든 것이며 다른 누구에 의해서 초래된 것이 아닙니다. '누구로부터다', '그런 상황 때문에', '그 일로부터' 라는 생각을 가졌기 때문입니다.

All that a man achieves and all that he fails to achieve is the direct result of his own thoughts. In a justly ordered universe, where loss of equipoise would mean total destruction, individual responsibility must be absolute. A man's weakness and strength, purity and impurity, are his own, and not another man's. They are brought about by himself, and not by another; and they can only be altered by himself, never by another.

자신이 처한 환경은 고스란히 자신의 생각의 결과 값이며 고뇌와 고통, 행복 역시 자기 자신이 만들어 낸 것입니다.

감정이 오직 자신의 것이듯 상황 역시 자신이 만들어 낸 오직 나의 것입니다. 사람은 '자신이 생각한 대로 존재하게 되는 것'입니다. 생각이 바로 자기 자신입니다. 아무리 강하고, 많이 가진 사람이라도 약하고 부족한 누군가가 도움 받기를 바랄 때라야 도울 수 있습니다. 또한 도움을 받고 있는 사람은 스스로 강해져야 합니다. 그는 부러워하는 누군가가 가진 그 강인함을 스스로 노력해 개발해야 합니다. 나외에는 그 누구도 내 상태를 바꿀 수 없기 때문입니다.

His condition is also his own, and not another man's. His suffering and his happiness are evolved from within. As he thinks, so he is; as he continues to think, so he remains. A strong man cannot help a weaker unless the weaker is willing to be helped, and even then the weak man must become strong of himself. He must, by his own efforts, develop the strength which he admires in another. None but himself can alter his condition.

"착취하려는 단 한 사람의 독재자 때문에 수많은 사람이 노예처럼 됐으니 그를 증오해야 한다."라는 주장이 있습니다. 그에 맞서 "노예의 근성을 가진 많은 사람들 때문에 한 사람의 독재자가 생겼으니 그들이야말로 문제다."라는 의견도 있습니다.

진실은 이렇습니다. 착취하는 쪽과 착취 당하는 쪽은 무지 속에서 협력자입니다. 겉으로는 서로를 괴롭히고 있는 것처럼 보이지만 실제로는 스스로를 괴롭히고 있는 것입니다.

통찰력 깊은 사람의 완전한 지식은 억압받는 자의 약함과 억압자의 잘못 적용된 힘에서 법칙이 작용하는 것을 인식합니다. 완전한 사랑은 두 상태가 수반하는 고통을 보고 어느 쪽도 비난하지 않습니다. 완전한 연민은 억압자와 피억압자 모두를 포용합니다.

It has been usual for men to think and to say, "Many men are slaves because one is an oppressor; let us hate the oppressor." Now, however, there is among an increasing few a tendency to reverse this judgment, and to say, "One man is an oppressor because many are slaves; let us despise the slaves." The truth is that oppressor and slave are cooperators in ignorance, and, while seeming to afflict each other, are in reality afflicting themselves. A perfect Knowledge perceives the action of law in the weakness of the oppressed and the misapplied power of the oppressor. A perfect Love, seeing the suffering which both states entail, condemns neither. A perfect Compassion embraces both oppressor and oppressed.

나약함을 극복하고 모든 이기적인 생각을 버린 사람은 남을 억압하거나 억압받지 않습니다. 사람은 생각을 고양시켜야만 성장하고 정복하고 성취할 수 있습니다. 그러할 때 그들은 온전히 자유롭습니다. 생각의 차원을 높이기를 거부하는 사람은 나약하고 비참하고 비굴한 존재로 남아 있을 수밖에 없습니다.

He who has conquered weakness, and has put away all selfish thoughts, belongs neither to oppressor nor oppressed. He is free.

A man can only rise, conquer, and achieve by lifting up his thoughts. He can only remain weak, and abject, and miserable by refusing to lift up his thoughts.

무언가를 성취하려면 아무리 세속적인 일이라도 이기적인 욕망과 쾌락, 동물적인 본능 같은 것들의 일부 희생은 불가피합니다. 쾌락을 제일 먼저 생각하는 사람은 명확한 사고로 생각하지 못하고 체계적인 계획을 세우지 못합니다.

그는 잠재된 재능을 발견하고 개발하지 못해 어떤 사업에서든 실패할 것입니다. 자신의 생각을 통제하기 시작하지 않았기 때문에 그는 일을 통제하고 진지한 책임을 맡을 수 있는 위치에 있지 않습니다. 그는 독립적으로 행동하거나 스스로 서 있을 수 없습니다. 그는 자신이 선택한 생각의 수준에 맞는 사람이 될 것입니다.

Before a man can achieve anything, even in worldly things, he must lift his thoughts above slavish animal indulgence. He may not, in order to succeed, give up all animality and selfishness, by any means; but a portion of it must, at least, be sacrificed. A man whose first thought is bestial indulgence could neither think clearly nor plan methodically.

He could not find and develop his latent resources, and would fail in any undertaking. Not having commenced manfully to control his thoughts, he is not in a position to control affairs and to adopt serious responsibilities. He is not fit to act independently and stand alone, but he is limited only by the thoughts which he chooses.

희생 없이는 발전도 성취도 있을 수 없습니다. 성공의 크기는 사람이 이전의 생각을 버리고 자신이 계획한 일에 몰두하는 동시에 자신감과 옳은 방향의 생각을 해나갔는가로 좌우될 것입니다. 목표에 대한 열망이 얼마나 강력한가, 얼마나 용기를 냈는가, 얼마나 올바르게 추구했는가에 따라 성취한 업적의 존속과 지속이 결정됩니다.

겉으로 보기에 세상은 탐욕스럽고 부정직하며 사악한 자들 편이라고 느껴질 수 있지만 사실은 그와 반대입니다. 우주의 에너지와 힘은 정직하고 덕이 있는 사람들의 편입니다. 역사의 모든 위대한 스승들이 다양한 형태로 이 진실을 알려왔습니다. 이것을 스스로 깨우치고 증명해 보려면 생각을 바꿔 나가면 됩니다. 진리와 법칙에 따라 생각을 변화시키면 모든 것에 전해져 내 앞에 드러날 것입니다. 그것으로 사람은 이 진리가 진실임을 스스로 알게 될 것입니다.

There can be no progress, no achievement without sacrifice. A man's worldly success will be in the measure that he sacrifices his confused animal thoughts, and fixes his mind on the development of his plans, and the strengthening of his resolution and self reliance. And the higher he lifts his thoughts, the more manly, upright, and righteous he becomes, the greater will be his success, the more blessed an enduring will be his achievements.

The universe does not favor the greedy, the dishonest, the vicious, although on the mere surface it may sometimes appear to do so; it helps the honest, the magnanimous, the virtuous. All the great Teachers of the ages have declared this in varying forms, and to prove and know it a man has but to persist in making himself more and *more virtuous by lifting up his thoughts.*

꾸준하고 끈질기게 노력하십시오.

벗어나지 마십시오.

계속하십시오.

당신은 보게 될 것입니다.


지적인 목표의 성취는, 지식의 탐구에 깊이 몰두하고 추구하며 삶과 자연에서 이치를 알기 위해 헌신한 생각의 결과입니다. 이런 업적을 때때로 허영심과 자만심으로 연결 짓지만 실상은 관련 없는 사실입니다. 지적인 성취는 끊임없는 노력과 순수한 마음에서 나온 자연스러운 결과물일 뿐입니다.

이기적인 욕망을 버리고 끊임없이 아름다운 생각만을 가지려고 노력하는 사람은 태양이 정점에 도달하고 달이 차는 것처럼 반드시 지혜롭고 고귀한 성품을 갖게 되며 영향력과 축복의 자리에 오를 것입니다.

*Intellectual achievements are the result of thought consecrated to the search for knowledge, or for the beautiful and true in life and nature. Such achievements may be sometimes connected with vanity*

스스로 창조한 '나'

and ambition but they are not the outcome of those characteristics. They are the natural outgrowth of long an arduous effort, and of pure and unselfish thoughts. Spiritual achievements are the consummation of holy aspirations. He who lives constantly in the conception of noble and lofty thoughts, who dwells upon all that is pure and unselfish, will, as surely as the sun reaches its zenith and the moon its full, become wise and noble in character, and rise into a position of influence and blessedness.

어떤 종류의 업적이든 성취는 노력에 대한 면류관이며 생각이 이뤄낸 왕관입니다. 자제력과 결단력, 순수함과 의로움, 잘 다스려진 생각으로 인간의 지위는 세워집니다. 방탕함과 나태함, 불결함과 의롭지 못한 생각으로 인간의 지위는 아래로 떨어집니다.

사람은 세상에서 높은 성공을 거두고 내면의 통찰력에서도 높은 경지에 오를 수 있습니다. 하지만 오만하고 이기적이며 부패한 생각이 자신을 지배하도록 허용하는 순간, 다시 나약하고 비참한 상태로 떨어질 수 있습니다. 따라서 올바른 생각으로 얻는 모든 승리는 깨어서 생각을 살필 때 유지할 수 있습니다.

Achievement, of whatever kind, is the crown of effort, the diadem of thought. By the aid of self-control, resolution, purity, righteousness, and well-directed thought a man ascends. By the aid of animality, indolence, impurity, corruption, and confusion of thought a man descends.

A man may rise to high success in the world, and even to lofty altitudes in the spiritual realm, and again descend into weakness and wretchedness by allowing arrogant, selfish, and corrupt thoughts to take possession of him. Victories attained by right thought can only be maintained by watchfulness.

많은 사람들이 성공이 확실해지면 느슨해지고 노력을 멈춰 빠르게 실패로 돌아갑니다. 사업에 있어서나 내적으로도 모든 성취는 분명하게 붙잡은 생각의 결과이며 같은 법칙이 적용될 뿐 아니라 언제나 같은 방법으로 반복해서 이뤄집니다. 작은 것을 이루려는 사람은 작은 희생을 치루면 됩니다. 많은 것을 성취하려는 사람은 많은 것을 희생해야 합니다. 크게 성취하려는 사람은 크게 희생해야 하는 것입니다.

Many give way when success is assured, and rapidly fall back into failure. All achievements, whether in the business, intellectual, or spiritual world, are the result of definitely directed thought, are governed by the same law and are of the same method; the only difference lies in the object of attainment.

He who would accomplish little must sacrifice little. He who would achieve much must sacrifice much. He who would attain highly must sacrifice greatly.

스스로 창조한 '나'

# 6.

## 비전을 새기고 노력할 때,
## 인간의 이해 너머로 행운이 옵니다

✦

이상주의자들은 세상의 구세주입니다. 눈에 보이는 세상이 실상은 보이지 않는 것들로부터 유지되듯, 인간은 모든 시련과 죄악, 혹독한 고통에 빠졌을 때에도 그들이 만들어 준 아름다운 사상으로 이겨낼 힘을 얻습니다. 우리는 그들을 잊을 수 없습니다. 그들의 이상이 퇴색하거나 온전히 죽게 내버려둘 수도 없습니다. 그들이 세워 놓은 가치관에 의지하며 살고 따르려는 사람들이 계속 존재하기 때문입니다.

작곡가와 조각가, 화가나 시인, 예언자들과 현자들은 현실 차원 너머의 미래 세계를 창조하는 설계자들입니다. 그들이 살았기에 세상은 아름답습니다. 그들이 없었다면 미래의 꿈을 잃은 인류는 자멸했을 것입니다. 아름다운 비전, 높은 이상을 마음속에 간직하는 사람은 언젠가 반드시 그것을 실현할 것입니다.

The dreamers are the saviors of the world. As the visible world is sustained by the invisible, so men, through all their trials and sins and sordid vocations, are nourished by the beautiful visions of their solitary dreamers. Humanity cannot forget its dreamers. It cannot let their ideals fade and die. It lives in them. It knows them in the realities which it shall one day see and know.

Composer, sculptor, painter, poet, prophet, sage, these are the makers of the afterworld, the architects of heaven. The world is beautiful because they have lived; without them, laboring humanity would perish.

*He who cherishes a beautiful vision, a lofty ideal in his heart, will one day realize it.*

콜럼버스는 미지의 세계에 대한 비전을 소중히 간직하고 신대륙을 발견했습니다. 코페르니쿠스는 또 다른 세계와 더 넓은 우주에 대한 비전을 키웠고 그 진실을 밝혀냈습니다. 붓다는 티 한 점 없는 아름다움과 완벽한 평화가 있는 존재적 차원의 비전을 품었고 결국 그 세계로 들어갔습니다. 모든 인간 역시 그럴 수 있습니다.

자신 안에 있는 비전을 소중히 여기십시오. 그것들에서 자신을 행복하게 만드는 모든 생각과 최고의 조건과 환경이 자라날 것입니다. 이것들에 충실하면 마침내 자신이 꿈꾸던 그 세계가 건설될 것입니다.

*Columbus cherished a vision of another world, and he discovered it. Copernicus fostered the vision of a multiplicity of worlds and a wider universe, and he revealed it. Buddha beheld the vision of a spiritual world of stainless beauty and perfect peace, and he entered into it.*

*Cherish your visions. Cherish your ideals. Cherish the music that stirs in your heart, the beauty that forms in your mind, the loveliness that drapes your purest thoughts, for out of them will grow all delightful conditions, all heavenly environment; of these, if you but* remain true to them, your world will at last be built.

원하면 얻게 되지만 열정적인 욕망은 이루고 성취하게 만듭니다. 사람의 가장 기본적인 삶의 욕구들도 얻어지는데 열렬하고 순결한 욕망이 이뤄지지 않을 수 있습니까? 이것은 세상을 움직이는 질서에도 맞지 않습니다.

구하고 받으십시오. 최상의 꿈을 꾸면 꿈꾸는 그대로 이뤄질 것입니다. 당신은 당신이 생각한 바로 그 사람이 될 것입니다. 당신의 비전이란, 언젠가 당신이 받을 것에 대한 약속입니다. 당신의 비전은 마침내 드러날 것에 대한 예언입니다. 참나무는 도토리 안에 잠들어 있고, 새는 알 속에 잠들어 있으며, 사람의 숭고한 비전에는 천사가 들어가 앉아 있습니다. 비전은 현실에 심겨진 묘목입니다.

To desire is to obtain; to aspire is to achieve. Shall man's basest desires receive the fullest measure of gratification, and his purest aspirations starve for lack of sustenance? Such is not the Law. Such a condition of things can never obtain - "Ask and receive."

Dream lofty dreams, and as you dream, so shall you become. Your Vision is the promise of what you shall one day be. Your Ideal is the prophecy of what you shall at last unveil.

The greatest achievement was at first and for a time a dream. The oak sleeps in the acorn; the bird waits in the egg; and in the highest vision of the soul a waking angel stirs. Dreams are the seedlings of realities.

지금 처한 환경이 열악할지 모르지만 비전을 새기고 그 비전에 도달하기 위해 노력한다면 지금 이 상황은 오래가지 못할 것입니다. 내면은 이상을 향해 달려가는데 몸만 그것과 다른 외딴 곳에 계속 있게 될 리 없기 때문입니다.

여기, 노동에 시달리고 건강에 나쁜 작업 환경에 오랜 시간 노출돼 있으며 고등교육도 받지 못해 지적으로나 지혜 면으로 모두 부족한 청년이 있습니다. 하지만 그는 더 나은 삶을 꿈꿉니다. 그는 지성을 원하고 고상한 외모와 품위를 가진 사람이 되는 것을 생각합니다.

그는 생각으로 모든 것이 이뤄질 수 있는 이상적인 삶의 조건들을 구상하고 구축합니다. 더 많은 자유와 더 큰 비전이 그를 사로잡고 있어서 지금 상황에 대한 불안은 오히려 그를 더 부지런하게 행동하도록 재촉합니다. 따라서 비록 그 힘이 적어도 모든 여가 시간과 수단을 사용해 잠재된 힘과 자원을 개발하는 데 투자합니다.

Your circumstances may be uncongenial, but they shall not long remain so if you but perceive an Ideal and strive to reach it. You cannot travel within and stand still without.

Here is a youth hard pressed by poverty and labor; confined long hours in an unhealthy workshop; unschooled, and lacking all the arts of refinement. But he dreams of better things. He thinks of intelligence, of refinement, of grace and beauty. He conceives of, mentally builds up, an ideal condition of life. The vision of the wider liberty and a larger scope takes possession of him; unrest urges him *to action, and he utilizes all his spare time and means, small though they are, to the development of his latent powers and resources.*

머지않아 청년의 정신은 너무나 큰 변화를 일으켜 더 이상 그가 그곳에 머물 수 없게 만듭니다. 오히려 그곳이 청년을 수용할 수 없게 됩니다. 헌 옷이 버려지듯 그 자신의 정신과 조화를 이루지 못하는 상황은 그의 삶에서 떨어져 나가 버립니다. 이제 청년은 정신이 품은 뜻의 크기에 맞는 능력이 쌓이며 마땅한 기회들이 주어지면서 이전의 환경에서 영원히 빠져나오게 됩니다.

*Very soon so altered has his mind become that the workshop can no longer hold him. It has become so out of harmony with his mentality that it falls out of his life as a garment is cast aside, and with the growth of opportunities which fit the scope of his expanding powers, he passes out of it forever.*

세월이 흘러 청년은 성인이 되었습니다. 이제 그는 전 세계에 영향력을 행사하며 가장 강력한 메시지를 주는 한 사람이 되어 있습니다. 그는 한순간도 노력을 멈추지 않았으며 자신의 마음을 완벽하게 조절해 이 모든 것을 이뤄냈습니다. 그의 어깨에는 막중한 책임이 얹어 있습니다. 그가 말을 하면 사람들의 삶에 영향을 미치기 때문입니다. 남자든 여자든, 배웠든 그렇지 못하든 그의 말과 생각은 수많은 사람들의 실제 행동과 생각을 바꾸게 하는 힘이 됩니다. 마치 지구가 태양을 중심으로 회전하는 것처럼 사람들은 그를 중심으로 움직입니다.

Years later we see this youth as a full-grown man. We find him a master of certain forces of the mind which he wields with world-wide influence and almost unequaled power. In his hands he holds the cords of gigantic responsibilities. He speaks, and lo! lives are changed. Men and women hang upon his words and remold their characters, and, sunlike, he becomes the fixed and luminous center around which innumerable destinies revolve.

그렇습니다. 그는 청년 시절에 품은 강력한 비전을 실현한 것입니다. 그는 자신의 비전과 하나가 되었습니다. 이것은 당신에게도 동일하게 적용될 것입니다. 헛된 소망이 아니라면 마음속에 간직한 비전을 실현할 수 있습니다. 사람은 언제나 가장 원하는 것에 은밀히 끌리기 마련이기에 그 결과가 나쁜 것이든, 더러운 것이든, 저속하거나 고상하거나 바른 것, 아름답거나 품위 있는 것이든 반드시 실현시킬 것입니다.

He has realized the Vision of his youth. He has become one with his Ideal. And you, too, youthful reader, will realize the Vision (not the idle wish) of your heart, be it base or beautiful, or a mixture of both, for you will always gravitate toward that which you secretly most love.

당신 자신의 생각과 꼭 일치된 정교한 결과가 당신 손에 놓일 것입니다. 더도 말고 덜도 말고 구한 것을 받게 될 것입니다. 현재의 환경이 어떠하든, 당신의 생각, 비전, 이상에 따라 떨어지거나 남거나 일어날 것입니다.

비전을 통제하고 없애고 치워 버리면 그 생각만큼 작은 사람으로 살게 될 것입니다. 비전을 확장하고 바라고 강화시키는 생각만큼 큰 사람으로 살게 될 것입니다.

> Into your hands will be placed the exact results of your own thoughts; you will receive that which you earn, no more, no less. Whatever your present environment may be, you will fall, remain, or rise with your thoughts, your Vision, your Ideal.
>
> You will become as small as your controlling desire; as great as your dominant aspiration.

스탠튼 데이비스 커컴 (Stanton Davis Kirkham 자연주의자, 철학자, 조류학자, 작가)은 이런 아름다운 글을 남겼습니다.

당신은 아직도 부지런히 가계부를

작성하고 있을지 모르겠지만

이제는 오랫동안 머뭇거려 온 당신의 꿈과

그곳으로 향하는 발걸음으로

저 문밖으로 걸어 나가 보라.

귀에는 펜이 그대로 꽂혀 있고

손가락에는 잉크가 얼룩진 그대로.

그때서야 당신의 내면에서 솟구쳐 오르는

이상과 꿈과 비전이

더 이상 그 안에 숨죽이고 있지 못하고 터져 나오는 것을

지켜보게 될 것이니.


In the beautiful words of Stanton Kirkham Dave,

*"You may be keeping accounts, and presently you shall walk out of the door that for so long has seemed to you the barrier of your ideals, and shall find yourself before an audience - the pen still behind your ear, the ink stains on your fingers - and then and there shall pour out the torrent of your inspiration.*


당신은 양치기로서 양떼를 뒤쫓는 데만

몰두하고 있을지 모르지만

어리둥절해서 눈을 깜빡인 채로라도 도시로 들어가 보라.

그곳의 모습에 놀라움을 느끼며

반드시 당신을 이끌어 줄 위대한 스승의 집 앞에 서서

문을 두드리게 될 것이니.

시간이 흐르면 스승은 말할 것이다.

"이제 더 이상 아무것도 가르칠 것이 없노라.'라고.

이제 양떼를 몰며 원대한 꿈을 꾸며 품었던

그 일의 주인이 될 때가 된 것이다.

세상을 바꿔야만 가질 수 있던 그 소망들을 얻기 위해서는

쥐고 있던 지팡이는 내려놓아야 할 것이다.

*You may be driving sheep, and you shall wander to the city - bucolic and*

*open mouthed; shall wander under the intrepid guidance of the spirit into the*

*studio of the master,*

*and after a time he shall say, 'I have nothing more to teach you.' And now*

*you have become the master, who did so recently dream of great things while*

*driving sheep.*

*You shall lay down the saw and the plane to take upon yourself the*

*regeneration of the world."*


사려 깊지 못하고 무지하며 게으른 사람들은 겉으로 드러난 결과만 보고 그 결과가 나타난 본질은 보지 못합니다. 기껏해야 운이나 거저 얻은 유산, 우연한 기회라고 말합니다. 누군가 부자가 되는 것을 보면 "얼마나 운이 좋았던가!"라고 말합니다. 누군가 지적인 자격을 갖추고 품위 있는 위치에 이르면 "얼마나 좋은 기회를 받은 것인가!"라고 말합니다. 누군가의 품위 있는 성품과 그로부터 생긴 막강한 영향력을 부러워하면서도 "아, 우연과 운이 그에게 자주 오는구

나."라고 말합니다.

*The thoughtless, the ignorant, and the indolent, seeing only the apparent effects of things and not the things themselves, talk of luck, of fortune, and chance. See a man grow rich, they say, "How lucky he is!" Observing another become intellectual, they exclaim, "How highly favored he is!" And noting the saintly character and wide influence of another, the remark, "How chance aids him at every turn!"*

이들은 그가 그 일에서 많은 경험을 얻기 위해 자발적으로 겪은 시련과 실패와 투쟁을 보지 못합니다. 이들은 그들이 극복할 수 없어 보이는 것을 극복하고 마음의 비전을 실현하기 위해 얼마만큼의 희생을 치러왔는지 알지 못합니다. 얼마나 부단히 노력했는지, 얼마나 큰 믿음을 발휘했는지 알지 못합니다.

이들은 그들이 처했던 시련과 고통은 알지 못하고 결과와 현재 상태만 보고 그것을 '행운'이라고 부릅니다. 길고 고된 과정의 모든 여정은 보지 못하고 대단하고 멋진 상태만 보고 그것을 '기회 또는 운'이라고 부릅니다. 그 길의 가시밭길은 보지 못하고 결과만 들여다보며 '우연'이라고 부릅니다.

*They do not see the trials and failures and struggles which these men have voluntarily encountered in order to gain their experience. They have no knowledge of the sacrifices they have made, of the undaunted efforts they have put forth, of the faith they have exercised, that they might overcome the apparently insurmountable,* and realize the Vision of their heart.

They do not know the darkness and the heartaches; they only see the light and joy, and call it "luck"; do not see the long and arduous journey, but only behold the pleasant goal, and call it "good fortune"; do not understand the process, but only perceive the result, and call it "chance."

모든 인간사에는 노력이 있고 결과가 있으며 노력의 강도가 결과의 척도입니다. 그러나 우연은 그렇지 않습니다. 감사할 만한 상황, 통찰력과 영향력, 물질적 충만함, 지적인 능력, 내면의 지혜로움은 모든 노력의 결과입니다. 그 노력들이 생각을 완전무결한 방식으로 사용되도록 완성시켰고 그로부터 목표를 달성해 나갔으며 비전을 실현 시켰을 뿐입니다. 마음 깊은 곳에서 떨리듯 강렬함으로 품은 비전, 그 마음속에 품고 있는 이상들, 이것들이 바로 내 삶을 일굽니다. 이것들이 바로 나 자신이 될 것입니다.

In all human affairs there are efforts, and there are results, and the strength of the effort is the measure of the result. Chance is not. "Gifts," powers, material, intellectual, and spiritual possessions are the fruits of effort. They are thoughts completed, objects accomplished, visions realized.

The vision that you glorify in your mind, the Ideal that you enthrone in your heart - this you will build your life by, this you will become.

스스로 창조한 '나'

# 7.
## 그저,
## 자유롭고 굳건하고 고요하십시오

마음의 평온은 더없이 아름다운 지혜의 보석 중 하나입니다. 그것은 오랜 인내와 노력의 결과입니다. 그것의 존재는 깊은 사유와 경험, 생각의 방식과 작용에 대한 평범한 지식 그 이상을 실현한 이들이 갖는 전유물입니다. 사람은 자신이 보이는 겉모습보다 더 깊은 차원의 존재라는 것을 이해한 만큼 평온해 집니다. 이 지식은 깊은 사유의 결과입니다. 또한 다른 사람 역시 그 사람이 가진 생각의 결과로써 모습을 나타내는 것이란 사실을 이해해야 합니다.

*Calmness of mind is one of the beautiful jewels of wisdom. It is the result of long and patient effort in self-control. Its presence is an indication of ripened experience, and of a more than ordinary knowledge of the laws and operations of thought.*

*A man becomes calm in the measure that he understands himself as a thought-evolved being, for such knowledge necessitates the understanding of others as the result of thought.*

올바른 이해력을 키우고 '원인과 결과의 법칙'을 점점 더 명확하게 보게 되면, 화를 내거나 불평불만을 쏟아 내거나 초조하고 걱정하고 험담하고 불안해하는 것을 멈추게 됩니다. 또한 침착하고 군건하고 고요한 상태를 유지하게 됩니다.

*As he develops a right understanding, and sees more and more* clearly the internal relations of things by the action of cause and effect, he ceases to fuss and fume and worry and grieve, and remains poised, steadfast, serene.

자신을 다스리는 법을 배운 침착한 사람은 다른 사람에게 자신을 맞추는 법을 알고 있으며, 그렇게 배려 받은 사람들은 그의 내면의 큰 힘을 존경하게 됩니다. 그에게 배우고자 하고 기대어 의지하고 싶은 사람으로 인식하게 됩니다. 사람이 고요해질수록 그의 성공과 영향력, 선을 향한 바르고 옳은 것을 향한 힘은 점점 더 커집니다. 원래 인간의 내면은 그런 것들로 이뤄져 있기 때문입니다.

평범한 사업가라도 자제력과 평정심을 키우면 사업이 잘되고 조금씩 번영돼 가는 것을 알게 됩니다. 사람들은 언제나 안정돼 있는 사람과 거래하기를 원하기 때문입니다.

강인하고 침착한 사람은 언제나 사랑과 존경을 받습니다. 그는 메마른 땅에서 그늘을 제공하는 나무 같은 사람이기 때문입니다. 폭풍우 속에서 피난처가 되는 바위 같기 때문입니다.

The calm man, having learned how to govern himself, knows how to adapt himself to others; and they, in turn, reverence his spiritual strength, and feel that they can learn of him and rely upon him. The more tranquil a man becomes, the greater is his success, his influence, his power for good. Even the ordinary trader will find his business prosperity increase as he develops a greater self-control and *equanimity, for people will always prefer to deal with a man whose demeanor is strongly equable.*

*The strong calm man is always loved and revered. He is like a shade-giving tree in a thirsty land, or a sheltering rock in a storm.*

고요한 마음이 있고, 온화하고 상냥하고 친절하고 배려심 깊고 너그러운 사람을 좋아하지 않을 사람이 어디 있습니까? 이런 사랑과 지지와 축복을 받은 사람은, 환경의 변화와 삶의 변곡점에 놓인 때라도 고요하고 평온하기 때문에 그 어떤 변화에도 큰 영향을 받지 않습니다. 우리가 평온함이라고 부르는 통합된 고요함은 인격의 발전, 그 마지막에 있는 관문입니다. 이 성품은 삶의 꽃이며 영혼의 진짜 모습을 아는 결실입니다.

*Who does not love a tranquil heart, a sweet-tempered, balanced life? It does not matter whether it rains or shines, or what changes come to those possessing these blessings, for they are always sweet, serene, and calm. That exquisite poise of character which we call serenity is the last lesson culture; it is the flowering of life, the fruitage of the soul.*

이것은 그 어떤 지혜보다 더 높은 차원의 지혜이며 순금보다 더 가치 있는 것입니다. 고요한 삶, 즉 진리(사람의 진짜 내면)를 깨닫는 일은 파도가 치는 그 수면 아래 아무런 외부 조건에도 휘둘리지 않는 공간과 같습니다. 영원히 지속되는 내면의 고요 속에 거하는 삶을, 그 무엇과 단순한 비교로 어떻게 견줘볼 수가 있겠습니까? 영원한 고요 속에 거하는 삶과 비교하면 단순한 돈 추구가 얼마나 하찮아 보입니까.

*It is precious as wisdom, more to be desired than gold - yea, than even fine gold. How insignificant mere money-seeking looks in comparison with a serene life - a life that dwells in the ocean of Truth, beneath the waves, beyond the reach of tempests, in the Eternal Calm!*

스스로 자신의 인격을 망치고 발끈하는 성질을 그대로 드러내 내면의 평온을 파괴하고 자신과 주변과 일과 관계와 상황을 엉망으로 만들어 놓는 사람이 얼마나 많습니까? 그들은 자신들이 마땅한 이유로 그렇게 한다며 핏대를 세우고 성질을 내겠지만 실제로는 아무도 그의 말에 귀를 기울이지 않습니다. 균형 있는 내면을 갖추고 평화롭고 조화로운 성품을 가진 이는 적습니다.

*"How many people we know who sour their lives, who ruin all that is sweet and beautiful by explosive tempers, who destroy their poise of character, and make bad blood! It is a question whether the great majority of people do not ruin their lives and mar their happiness by lack of self-control. How few people we meet in life who are well-balanced, who have that exquisite poise which is characteristic of the finished character!"*

그렇습니다. 많은 사람이 통제되지 않는 성질과 기준을 내밀고, 조절하지 못하는 감정의 기복을 내세우며 소란을 피웁니다. 불안과 의심에 휩싸여 그 에너지를 모두에게 전달시킵니다. 하지만 현명한 사람, 생각을 통제하고 내면이 강인하여 오랜 노력을 해 온 사람은 그 영혼이 일으키는 바람과 폭풍우를 잠재우고 변화되도록 이끕니다.

Yes, humanity surges with uncontrolled passion, is tumultuous with ungoverned grief, is blown about by anxiety and doubt. Only the wise man, only he whose thoughts are controlled and purified, makes the winds and the storms of the soul obey him.


폭풍우에 표류하는 영혼이여

그대들이 어디에 있든

어떤 조건에서 살고 있든

이것을 알라.

인생이라는 바다에는 온통 축복으로만 미소 짓도록

만들어진 섬이 있다.

그 섬들은 밝고 따뜻한 햇살을 가득 품고 너를 기다리고 있다.

Tempest-tossed souls,

wherever ye may be,

under whatsoever conditions ye may live.

*know this,*

*in the ocean of life the isles of Blessedness are smiling,*

*and sunny shore of your ideal awaits your coming.*

생각이라는 방향타를 단단히 잡으라.

너의 내면에는 실제 나 자신이라는

훌륭한 스승이 잠들어 있다.

그를 깨우라.

그를 눈뜨게 하라.

배를 다스리는 능력은 마음의 통제력이다.

바른 생각은 숙련된 선장으로 우뚝 서게 만드는 일이다.

평온함은 모든 것을 이루는 힘이다.

그러니 마음에 이렇게 말하라.

"평온하라. 고요하라!"

*Keep your hand firmly upon the helm of thought.*

*In the bark of your soul reclines the commanding Master; He does but sleep;*

*wake Him.*

*Self-control is strength;*

*Right Thought is mastery;*

*Calmness is power.*

*Say unto your heart,*

*"Peace, be still!"*

# PART 2.

## 모든 인간을
## 번영에 이르게 하는 '길'

나는 세상을 둘러보았습니다. 내가 본 세상은 슬픔의 그림자로 덮여 있고 고통 속에 있었습니다. 나는 그 원인을 찾으려고 했습니다. 하지만 아무리 애써도 그 이유를 찾을 수 없었습니다. 책 속에서도 답을 찾을 수 없었습니다. 그러다 내 자신의 내면을 들여다보고서야 원인과 그 원인으로부터 일어난 결과 모두를 발견했습니다. 다시 더 깊숙이 들여다보고 나니 해결책까지 찾을 수 있었습니다.

나는 하나의 법인 사랑의 법칙, 하나의 삶인 그 법에 순응하는 삶, 하나의 진리인 조용하고 고요한 받아들임이라는 마음의 진리를 발견했습니다. 그리고 부자든 가난한 사람이든, 배운 사람이든 배우지 못했든, 세속적이든 그렇지 않든, 모든 성공과 모든 행복, 모든 성취와 모든 진실의 원천이 내면에 있기에 그것을 발견할 수 있는 방법을 알려줄 책을 쓰려는 결심을 하게 되었습니다.

그리고 그 꿈은 현실이 되어 지금 당신에게 전해졌습니다. 이것을 기다리며 받을 준비가 된 사람들의 가정과 그들의 가슴에 틀림없이 전달될 것입니다. 이제 나는 치유와 축복의 사명을 가지고 당신께 보냅니다.

— 제임스 앨런(James Allen)

I looked around upon the world, and saw that it was shadowed by sorrow and scorched by the fierce fires of suffering. And I looked for the cause. I looked around, but could not find it; I looked in books, but could not find it; I looked within, and found there both the cause and the self-made nature of that cause. I looked again, and deeper, and found the remedy.

I found one Law, the Law of Love; one Life, the Life of adjustment to that Law; one Truth, the truth of a conquered mind and a quiet and obedient heart. And I dreamed of writing a book which should help men and women, whether rich or poor, learned or unlearned, worldly or unworldly, to find within themselves the source of all success, all happiness, all accomplishment, all truth.

And the dream remained with me, and at last became substantial; and now I send it forth into the world on its mission of healing and blessedness, knowing that it cannot fail to reach the homes and hearts of those who are waiting and ready to receive it.

# 1.
# 고통은 결코
# 갑작스레, 우연히, 오지 않았습니다

✦

고통과 슬픔은 인생의 그림자 같은 것들입니다. 세상에 고통을 느껴보지 않은 마음이 없고 고난에 처해보지 않은 정신 또한 없습니다. 뜨거운 눈물을 흘러보지 않은 눈도 없습니다. 질병과 죽음이라는 거대한 파괴자가 마음과 마음을 갈라놓은 슬픔을 경험하지 않은 가정도 없습니다.

*Unrest and pain and sorrow are the shadows of life. There is no heart in all the world that has not felt the sting of pain, no mind has not been tossed upon the dark waters of trouble, no eye that has not wept the hot blinding tears of unspeakable anguish.*

*There is no household where the Great Destroyers, disease and death, have not entered, severing heart from heart, and casting over all the dark pall of sorrow.*

강력하고, 겉보기에 파괴할 수 없는 악의 그물망에 모든 것은 어느 정도 빠르게 걸려들고 고통과 불행, 불운도 인류를 기다리고 있습니다. 사람들은 이 고통에서 벗어나기 위해 다양한 방법을 찾아 지속적인 행복을 얻기를 바라는 마음으로 어디로든 달려들고 있습니다. 관능적인 흥분을 즐기는 술꾼과 창녀가 있으며 세상이 주는 고통을 두려워하는 은둔자도 있습니다. 아무 소용없을 사치로 자신을 치장하거나 꾸미는 사람들도 있습니다. 오직 부를 추구하면 모든 행복이 올 것처럼 생각하고 삶에 매진하는 사람도 있고 종교에 심취해 위안을 구하는 사람도 있습니다.

*In the strong, and apparently indestructible meshes of evil all are more or less fast caught, and pain, unhappiness, and misfortune wait upon mankind.*

*With the object of escaping, or in some way mitigating this overshadowing gloom, men and women rush blindly into innumerable devices, pathways by which they fondly hope to enter into a happiness which will not pass away.*

*Such are the drunkard and the harlot, who revel in sensual excitements; such is the exclusive aesthete, who shuts himself out from the sorrows of the world, and surrounds himself with enervating luxuries; such is he who thirsts for wealth or fame, and subordinates all things to the achievement of that object; and such are they who seek consolation in the performance of religious rites.*

그리고 마침내 행복이 오는 듯 보입니다. 하지만 어느 날 병에 걸리거나 어떤 큰 슬픔, 불행이 오면 그 거짓된 행복은 갈기갈기 찢겨 버립니다. 즉, 모든 개인적인 기쁨의 머리 위에는 언제라도 사람의 영혼을 쓰러뜨리고 짓밟을 준비가 된 다모클레스의 고통의 검이 걸려 있습니다. 그것은 어떠한 지식으로도 보호 받지 못합니다. ('다모클레스의 검'은 권력자의 삶에 내재한 위험 등을 가리키며 '일촉즉발의 절박한 상황' 등의 뜻으로도 사용된다.)

남자와 여자는 어린 시절의 잃어버린 행복에 한숨을 쉬고, 가난한 사람은 자신을 옭아매는 가난에 몸부림칩니다. 부자는 가난을 두려워하며 살거나 행복이라고 믿는 그림자를 찾아 세상을 샅샅이 뒤집니다.

때때로 종교나 지적 철학, 예술적 이상을 실현하는 데서 평화와 행복을 찾았다고 느낄 때도 있습니다. 하지만 종교가 부적절하거나 불충분하다는 것이 입증되거나 이론적 철학이 쓸모없는 소품으로 판명되면 신봉자는 수년간 노력해온 이상주의가 무너지게 됩니다.

이처럼 외부에 어떤 압도될 만한 사건이나 원치 않던 조건이 내 앞에 펼쳐지면 얄팍한 평화와 행복은 그의 발아래 산산조각 나고 맙니다.

그렇다면 고통과 슬픔에서 벗어날 수 있는 방법은 없을까요? 이 고통의 사슬을 끊을 수 있는 방법은 없는 것일까요? 영원한 행복, 안전한 번영, 영원한 평화는 어리석은 꿈일까요?

아니요, 그렇지 않습니다. 고통을 영원히 소멸시킬 수 있는 방법은 존재합니다. 질병이나 가난 또는 어떤 불리한 조건과 환경에서도 다시는 돌아오지 않는 반대편에 서 있을 수 있는 방법이 있습니다. 역경이 다시 찾아올 것을 두려워할 필요도 없으며 영구적인 번영을 가질 수 있는 방법이 있습니다. 깨지지 않는, 더불어 끝없는 평화와 행복을 취하고 실현할 수 있는 방법이 있습니다.

*No, there is a way, and I speak it with gladness, by which evil can be slain for ever; there is a process by which disease, poverty, or any adverse condition or circumstance can be put on one side never to return; there is a method by which a permanent prosperity can be secured, free from all fear of the return of adversity, and there is a practice by which unbroken and unending peace and bliss can be partaken of and realized.*

이 영광스러운 방법으로 이끄는 길의 시작은, 고통의 본질에 대한 올바른 이해를 얻는 것입니다. 고통을 부정하거나 무시하는 것으로는 충분하지 않습니다. 고통을 이해해야 합니다. 고통을 제거해 달라고 기도하는 것만으로는 충분하지 않습니다. 고통이 왜 존재하는지, 고통이 나에게 어떤 교훈을 주는지 알아야 합니다. 나를 꽁꽁 감싸안은 것 같은 이 불편한 사슬 같은 어려움들에 초조해하고 안절부절못하며 끊어 내려고 하는 것은 아무 소용이 없습니다.

*Acquirement of a right understanding of the nature of evil.*

*It is not sufficient to deny or ignore evil; it must be understood. It is not enough to pray to God to remove the evil; you must find out why it is there, and what lesson it has for you.*

*It is of no avail to fret and fume and chafe at the chains which bind you;*

왜, 그리고 어떻게 묶여 있는 것인가를 알아야 합니다. 그러므로 여러분, 지금 '나'라고 생각하는 작은 '나' 밖으로 나와 자신의 내면에 애초부터 그곳에 계속 머물러 있는, 진정한 '나' 자신을 조사하고 이해하기 시작해야 합니다. 고통은 자신 밖에 있는 어떤 것이 아니라 나 자신의 마음속에서 일어나는 경험입니다. 자신의 마음을 살피는 일에 인내심을 내십시오. 그렇게 마음을 살피고 바로 잡으면 점차 고통이 어디서 나온 것이며 그 본질이 무엇인지 발견하게 될 것입니다. 이 과정에서 나 자신이 세상에 태어난 그 순간부터 존재해 온 큰 '나'가 모습을 드러내며 점차 고통의 완전한 끝에 다다를 것입니다.

고통은 자신 밖에 있는 추상적인 것이 아니라 자신의 마음속에 있는 경험입니다. 인내심을 갖고 자신의 마음을 살피고 바로 잡으면 점차 고통의 기원과 본질을 발견하게 되고, 그 후에는 반드시 고통의 완전한 근절로 이어지게 될 것입니다.

you must know why and how you are bound. Therefore, reader, you must get outside yourself, and must begin to examine and understand yourself.

You must cease to be a disobedient child in the school of experience and must begin to learn, with humility and patience, the lessons that are set for your edification and ultimate perfection; for evil, when rightly understood, is found to be, not an unlimited power or principle in the universe, but a passing phase of human experience, and it therefore becomes a teacher to those who are willing to learn.

Evil is not an abstract something outside yourself; it is an experience *in your own heart, and by patiently examining and rectifying your heart you will be gradually led into the discovery of the origin and nature of evil, which will necessarily be followed by its complete eradication.*

모든 고통은 정신을 교정 받고 마음을 치료하는 것으로 영구적이지 않습니다. 그것은 무지와 무지에 뿌리를 두고 있습니다. 그것은 진정한 본질에 단 한 번도 깨어나 보지 못한 무지의 두 사람이 벌이는 무지일 뿐이기 때문입니다. 우리가 고통이 생겨난 원인을 알지 못하는 한 우리의 일평생은 고통의 지배를 받을 수밖에 없습니다. 우주에는 이것을 알지 못하는 무의식(진정한 내면의 '나'를 모르고, 행동하고 생각하는 '나'로만 사는 일)으로 생긴 악 외에는 악이 존재하지 않습니다. 우리가 그 진실을 배울 준비가 돼 있고 기꺼이 배운다면 형언할 수 없는 높은 지혜로 생을 살 수 있으며 더는 고통이 없을 것입니다.

그러나 인간은 고통에 머물러 있고 지금까지도 인간의 수만큼 다양한 고통이 있는 것은, 인간이 고통이 가르쳐 준 교훈을 배울 의지가 없었거나 배울 준비가 돼 있지 않았기 때문입니다.

*All evil is corrective and remedial, and is therefore not permanent. It is rooted in ignorance, ignorance of the true nature and relation of things, and so long as we remain in that state of ignorance, we remain subject to evil.*

*There is no evil in the universe which is not the result of ignorance,* and which would not, if we were ready and willing to learn its lesson, lead us to higher wisdom, and then vanish away. But men remain in evil, and it does not pass away because men are not willing or prepared to learn the lesson which it came to teach them.

✳

매일 밤 엄마가 잠자리에 들 때면 촛불을 갖고 놀게 해달라고 울던 아이가 있었습니다. 어느 날 밤 엄마가 잠시 방심한 틈을 타 아이가 촛불을 잡았고, 그 후 아이는 다시는 촛불을 갖고 놀고 싶지 않을 상처를 갖게 됐습니다.

이 어리석은 행동 하나로 아이는 순종의 교훈을 배웠고 불은 위험하다는 사실을 알게 되었습니다. 이 사건은 모든 죄와 고통의 본질과 의미, 결과를 정확하게 이해하게 해 줍니다.

*I knew a child who, every night when its mother took it to bed, cried to be allowed to play with the candle; and one night, when the mother was off guard for a moment, the child took hold of the candle; the inevitable result followed, and the child never wished to play with the candle again.*

*By its one foolish act it learned, and learned perfectly the lesson of obedience, and entered into the knowledge that fire burns. And, this incident is a complete illustration of the nature, meaning, and ultimate result of all sin and evil.*


어린아이가 불의 실체에 대한 무지로 고통을 겪었듯 나이든 아이도 그들이 애타게 찾고 애쓰는 것들의 실체를 정확히 모르는 탓에 고통을 겪습니다. 그것들을 얻었을 때, 얻기만 하면 행복과 평화가

올 것이라고 믿었지만 얻은 후에 알게 돼 버립니다. 맹목적으로 '그 것'을 원해서 얻게 되면 평화와 행복은 그 안에 없다는 것을 말입니다. 때로 원하는 것을 맹목적으로 추구하면, 그것을 얻은 후에 원해 오던 대상인 사람을 맹렬하게 헤치는 실체들도 있습니다. 이 경우 그 무지로부터 온 고통이 더 뿌리 깊고 모호하다는 점이 다를 뿐입니다.

As the child suffered through its own ignorance of the real nature of fire, so older children suffer through their ignorance of the real nature of the things which they weep for and strive after, and which harm them when they are secured; the only difference being that in the latter case the ignorance and evil are more deeply rooted and obscure.

악은 언제나 어둠으로, 선은 빛으로 상징돼 왔습니다. 그 상징 안에 완전한 해석 즉, 실체가 숨겨져 있습니다. 빛은 언제나 우주를 가득 채워서 어둠이 드리워도 행성의 반을 가릴 수 있습니다. 최고의 선이라는 빛은 우주를 가득 채우고 있는 매우 긍정적이며 생명을 주는 힘인 것입니다. 빛은 모두를 이롭게 하는 일에 모이고 가득 채우는 에너지입니다. 우주의 에너지는 '선' 그 자체이기 때문입니다.

Evil has always been symbolized by darkness, and Good by light, and hidden within the symbol is contained the perfect interpretation, the reality; for, just as light always floods the universe, and darkness is only a mere speck or shadow cast by a small body intercepting a few rays of the illimitable light, so the Light of the Supreme Good is the *positive and life-giving power which floods the universe, and evil the insignificant shadow cast by the self that intercepts and shuts off the illuminating rays which strive for entrance.*

아무리 짙게 깔린 어둠도 지구의 절반에 불과한 공간만 덮을 수 있습니다. 이와 같이 인생에 그 어떤 슬픔과 고통, 불행의 어두움이 당신의 영혼을 덮고 지치게 만들며 불확실한 발걸음으로 비틀거리게 할 때라도 빛이 당신과 함께 있습니다.

오직 나 자신과 무한한 기쁨, 행복의 빛 사이를 가로막고 있는 것은 내 개인적인 욕망뿐이며 그 어둠의 실체는 그 무엇도 아닌 나 자신을 정확히 모르는 무지에서 드리워진 어둠이라는 것을 알아야 합니다. 그리고 어둠이 실체도 머무는 거처도 없는 그림자에 불과하듯, 내면의 어둠도 발전하는 과정에서 영혼을 덮고 있는 그림자에 불과합니다.

*When night folds the world in its black impenetrable mantle, no matter how dense the darkness, it covers but the small space of half our little planet, while the whole universe is ablaze with living light, and every soul knows that it will awake in the light in the morning.*

*Know, then, that when the dark night of sorrow, pain, or misfortune settles down upon your soul, and you stumble along with weary and uncertain steps, that you are merely intercepting your own personal desires between yourself and the boundless light of joy and bliss, and the dark shadow that covers you is cast by none and nothing* but yourself.

*And just as the darkness without is but a negative shadow, an unreality which comes from nowhere, goes to nowhere, and has no abiding dwelling place, so the darkness within is equally a negative shadow passing over the evolving and Lightborn soul.*

하지만, 누군가가 "왜 악의 어둠을 통과하는가?"라고 말한다면, "그 이유는 무지함 때문에 악(고통)을 선택했기 때문이고, 그 과정 덕분에 선과 악을 모두 이해할 수 있게 되었고, 어둠(고통)을 통과함으로써 빛을 더 잘 이해할 수 있기 때문입니다."라고 말할 것입니다.

고통은 무지에서 온 직접적인 결과이므로 고통의 이유를 완전히 배우면 무지는 사라지고 지혜가 그 자리를 차지합니다. 그러나 배우기를 거부하며 계속 고통 속에 머물면서 질병과 실망, 슬픔의 형태로 계속 반복되는 형벌을 받으려는 사람도 있을 것입니다.

그러므로 자신의 고통에서 벗어나고자 하는 사람은 기꺼이 배울 준비가 돼야 합니다. 지혜와 지속적인 행복과 평화를 가질 수 있을 만큼의 훈련 과정을 거칠 준비가 되어 있어야 합니다.

*"But," I fancy I hear someone say, "why pass through the darkness of evil at all?" Because, by ignorance, you have chosen to do so, and because, by doing so, you may understand both good and evil, and may the more appreciate the light by having passed through the darkness.*

As evil is the direct outcome of ignorance, so, when the lessons of evil are fully learned, ignorance passes away, and wisdom takes its place. But as a disobedient child refuses to learn its lessons at school, so it is possible to refuse to learn the lessons of experience, and thus to remain in continual darkness, and to suffer continually recurring punishments in the form of disease, disappointment, and sorrow.

He, therefore, who would shake himself free of the evil which encompasses him, must be willing and ready to learn, and must be prepared to undergo that disciplinary process without which no grain of wisdom or abiding happiness and peace can be secured.

사람은 어두운 골방에 틀어박혀 빛은 존재하지 않는다고 부정할 수 있지만, 빛은 어디에나 있고 어둠은 자기만의 작은 방에만 존재합니다. 인간에게는 진실의 빛을 차단할 수도 있고, 자신을 둘러싸고 있는 편견들과 이기심과 악을 허물고 찬란한 빛을 들이거나 받아들일 수 있는 선택권도 있습니다. 지금의 고통은 지나가는 단계이며 스스로 만든 그림자라는 것, 모든 고통과 슬픔과 불행은 절대적으로 완벽한 법칙의 과정으로 나에게 왔으며 그것을 요구한 것이 나라는 사실을 받아들여야 합니다. 먼저 인내하고 이해함으로써 인간은 더 강해지고 현명해지고 고귀해질 수 있다는 것을 단순한 이론으로만 받아들이지 말고 깨닫기 위해 노력하십시오.

A man may shut himself up in a dark room, and deny that the light exists, but it is everywhere without, and darkness exists only in his own little room. So you may shut out the light of Truth, or you may begin to pull down the walls of prejudice, self-seeking and error which you have built around yourself, and so let in the glorious and omnipresent Light.

By earnest self-examination strive to realize, and not merely hold as a theory, that evil is a passing phase, a self-created shadow; that all your pains, sorrows and misfortunes have come to you by a process of undeviating and absolutely perfect law; have come to you because you deserve and require them, and that by first enduring, and then understanding them, you may be made stronger, wiser, nobler.

이 깨달음에 완전히 들어갔을 때, 인간은 자신의 환경을 새롭게 창조하기 시작하고 모든 고통을 빛으로 바꾸기 시작합니다. 숙련된 솜씨로 자신의 운명이라는 직물을 엮어낼 수 있는 위치에 오르게 됩니다.

When you have fully entered into this realization, you will be in a position to mould your own circumstances, to transmute all evil into good and to weave, with a master hand, the fabric of your destiny.

## 2.

내면 깊숙한 곳,
마음속 가장 은밀한 곳에 숨겨 둔
그 무엇이라도

자신의 주변 환경은 자신의 사람됨에 따라 만들어집니다. 모든 것은 자신의 내면 의식 상태를 나타낸 것이므로 무엇이 없는지는 거의 중요하지 않습니다. 내 안에 있는 모든 것이 중요하며 모든 것이 그에 따라 반영되고 나타난 것이기 때문입니다. 진정으로 안다는 것은 모두 자신의 경험에 의해서입니다. 앞으로 알게 될 것들 역시 경험을 통해 들어와 내 자신의 일부가 됩니다.

What you are, so is your world. Everything in the universe is resolved into your own inward experience. It matters little what is without, for it is all a reflection of your own state of consciousness. It matters everything what you are within, for everything without will be mirrored and colored accordingly.

All that you positively know is contained in your own experience; all that you ever will know must pass through the gateway of experience, and so become part of yourself.

이렇듯 인간 각 개인의 생각과 욕망과 열망들은 세상을 구성하고 있으며 그 각자 안에는 우주에 존재하는 아름다움과 기쁨, 행복과 추함, 슬픔과 고통도 담겨 있습니다. 따라서 오직 자신만이 자신의 삶으로 세계와 우주를 만들거나 망칠 수 있는 것입니다.

Your own thoughts, desires, and aspirations comprise your world, and, to you, all that there is in the universe of beauty and joy and bliss, or of ugliness and sorrow and pain, is contained within yourself. By your own thoughts you make or mar your life, your world, your universe.

생각의 힘으로 만들어진 내면에 의해 외적인 삶과 환경도 그에 따라 형성됩니다. 마음속 가장 은밀한 곳에 품고 있는 것이 무엇이든 필연적인 작용의 법칙에 따라 머지않아 겉으로 모두 드러나기 마련입니다. 불순하고 불결하고 이기적인 영혼은 한 치의 오차도 없이 불운과 재앙으로 끌려가고, 순수하고 이기적이지 않으며 고귀한 영혼은 행복과 번영으로 정확하게 끌려갑니다.

As you build within by the power of thought, so will your outward life and circumstances shape themselves accordingly.

Whatsoever you harbor in the inmost chambers of your heart will, sooner or later by the inevitable law of reaction, shape itself in your outward life.

The soul that is impure, sordid and selfish, is gravitating with unerring precision toward misfortune and catastrophe; the soul that is pure, unselfish, and noble is gravitating with equal precision toward happiness and prosperity.

모든 영혼은 스스로를 끌어당기며 자신의 내면에 있는 것에 속하지 않는 것은 그 어떤 것도 그에게 올 수 없습니다. 이것을 깨닫는 것이 바로 신성한 법의 보편성을 인식하는 것입니다.

모든 인간의 삶에서 사건은 만들어지기도 하고 소멸되기도 하는데 이것은 내면의 생각과 삶의 질과 힘에 따라 펼쳐집니다. 모든 내면은 경험과 생각의 복잡한 조합이며 몸은 그것을 표현하는 즉흥적인 도구에 불과합니다. 그러므로 자신의 생각이 무엇이든 그것이 바로 자신의 진정한 자아이며 주변의 생물과 무생물까지도 그 생각으로 입혀져 내 곁에 있는 것입니다.

Every soul attracts its own, and nothing can possibly come to it that does not belong to it. To realize this is to recognize the universality of Divine Law.

The incidents of every human life, which both make and mar, are drawn to it by the quality and power of its own inner thought-life. Every soul is a complex combination of gathered experiences and thoughts, and the body is but an improvised vehicle for its manifestation.

What, therefore, your thoughts are, that is your real self; and the world around, both animate and inanimate, wears the aspect with which your thoughts clothe it.

붓다는 "우리의 모든 것은 우리가 생각한 것의 결과입니다. 그것은 우리의 생각에 기초하고 우리의 생각으로 구성된 것들입니다."라고 했습니다. 붓다가 설하였듯 사람이 행복하다면 행복한 생각에 머물러 있기 때문이고, 비참하다면 낙담하고 나약한 생각에 머물러 있기 때문입니다. 두려워하든 두려워하지 않든 어리석든 현명하든 괴로워하든 고요하든 그 영혼 안에는 자신의 현재 상태의 원인이 있습니다.

*"All that we are is the result of what we have thought. It is founded on our thoughts; it is made up of our thoughts." Thus said Buddha, and it therefore follows that if a man is happy, it is because he dwells in happy thoughts; if miserable, because he dwells in despondent and debilitating thoughts, Whether one be fearful or fearless, foolish or wise, troubled or serene, within that soul lies the cause of its own state or states, and never without.*

"정말로 당신은 외적인 환경이 사람의 내면에, 마음에 영향을 미치지 않는다고 말하고 있습니까?"라고 따지는 목소리가 들리는 것 같습니다. 나는 그렇게 말하지 않지만 위에 말한 것이 틀림없는 진리라는 것을 알고 있습니다. 모든 상황은 자신이 그렇게 되도록 허용하는 한도 내에서만 자신에게 영향을 미칠 수 있습니다.

*And now I seem to hear a chorus of voices exclaim, "But do you really mean to say that outward circumstances do not affect our minds?" I do not say that, but I say this, and know it to be an infallible truth, that circumstances can only affect you in so far as you allow them to do so.*

당신은 생각의 본질과 사용 및 힘에 대한 올바른 이해가 없기 때문에 상황에 의해 흔들립니다. 인간은 이런 외적인 것들이 나 자신의 삶을 만들거나 망칠 힘이 있다고 믿습니다.

*You are swayed by circumstances because you have not a right understanding of the nature, use, and power of thought. You believe.*

그렇게 믿음으로써 그 외적인 것들에 굴복하며 스스로 노예를 자처하고 나 자신보다 높은 곳에 존재하는 주인으로 앉힙니다. 이로써 그 모든 것이 스스로 갖지 못한 힘을 계속 투자해 줍니다. 이로써 자신의 생각이 던져 준 우울함과 기쁨, 두려움이나 희망, 강인함이나 나약함에 굴복합니다.

*By so doing you submit to those outward things, confess that you are their slave, and they your unconditional master; by so doing, you invest them with a power which they do not, of themselves, possess, and you succumb, in reality, not to the mere circumstances, but to the gloom or gladness, the fear or hope, the strength or weakness, which your thought-sphere has thrown around them.*

나는 어린 나이에 수년간 힘들게 모은 돈 전체를 잃은 두 남자를 알고 있습니다. 한 사람은 깊은 고민에 빠졌고 억울함과 걱정, 낙담에 빠져있었습니다. 다른 한 사람은 돈을 맡겨둔 은행이 파산했다는 신문 기사를 보고는 조용하고 단호하게 이렇게 선택했습니다. '내 모두를 잃었군. 고민과 걱정을 하면 되찾을 수 있을까. 아니, 그럴 수 없다는 걸 알고 있어. 하지만 다시 열심히 노력하면 새로운 돈을 다시 만들 수 있을 거야.'라고 결정했습니다.

정말로 그는 새로운 활력으로 일터에 나가 빠르게 다시 돈을 모았습니다. 반면 전자의 사람은 돈을 잃은 것을 계속 슬퍼했고 자신의 불운을 원망하며 스스로 불리한 상황에 놓인 당사자로 자처하며 노예의 입장에 계속 붙잡아뒀습니다.

*I knew two men who, at an early age, lost the hard-earned savings of years. One was very deeply troubled, and gave way to chagrin, worry, and despondency. The other, on reading in his morning paper that the bank in which his money was deposited had hopelessly failed, and that he had lost all, quietly and firmly remarked, "Well, it's gone, and trouble and worry won't bring it back, but hard work will."*

*He went to work with renewed vigor, and rapidly became prosperous, while the former man, continuing to mourn the loss of his money, and to grumble at his "bad luck," remained the sport and tool of adverse circumstances, in reality of his own weak and slavish thoughts.*

돈을 잃은 사건으로 한 사람은 어둡고 우울한 생각으로 인해 저주가 되었습니다. 그러나 다른 한 사람에게는 새로운 힘과 새로운 희망, 새로운 노력을 하게 된 것으로 축복이 되었습니다. 환경이 실제로 인간을 축복하거나 해치는 힘이 있다면 모든 사람에게 똑같이 축복하거나 똑같이 해칠 것입니다. 그러나 같은 환경이 누군가에게는 좋고 누군가에게는 나쁘다는 사실은 선과 악, 축복과 고통이 환경에 따른 것이 아니라 그것을 대하는 사람의 마음에만 있다는 것을 증명합니다.

The loss of money was a curse to the one because he clothed the event with dark and dreary thoughts; it was a blessing to the other, because he threw around it thoughts of strength, of hope, and renewed endeavor.

If circumstances had the power to bless or harm, they would bless and harm all men alike, but the fact that the same circumstances will be alike good and bad to different souls proves that the good or bad is not in the circumstance, but only in the mind of him that encounters it.

**당신이 이것을 깨닫기 시작할 때**
**그제서야 당신은 당신 스스로의 생각을 통제하고**
**마음을 조절하고 훈련하며**
**자신의 영혼에 내적 성전을 세울 것입니다.**

When you begin to realize this you will begin to control your thoughts, to regulate and discipline your mind, and to rebuild the inward temple of your soul.

**쓸모없고 불필요한 모든 생각을 제거하고**

스스로 창조한 '나'

오직 기쁨과 평온, 힘과 생명력과 자비와 사랑과

아름다움과 영원한 것에 대해 생각할 때

여러분 자신의 영혼과 하나가 되기 시작할 것입니다.

그렇게 할 때 기쁨과 평온을 얻게 될 것입니다.

*eliminating all useless and superfluous material, and incorporating into your*

*being thoughts alone of joy and serenity, of strength and life, of compassion*

*and love, of beauty and immortality;*

당신은 강인한 존재입니다. 건강한 내면을 가진 존재입니다. 자비롭고 사랑 많으며 사랑스런 존재입니다. 불멸의 아름다움을 그 안에 지닌 그 어느 것보다 아름다운 존재입니다.

사람은 자기 기준으로 모든 사건을 해석하듯 눈에 보이는 주변 모든 사물 세계에도 나름의 해석을 내립니다. 어떤 사람은 그 모든 사람과 사건과 사물에서 조화로움과 아름다움을 보는 반면 어떤 사람은 혐오스럽거나 추악함을 보게 됩니다.

And as you do this you will become joyful and serene, strong and healthy, compassionate and loving, and beautiful with the beauty of immortality.

And as we clothe events with the drapery of our own thoughts, so likewise do we clothe the objects of the visible world around us, and where one sees harmony and beauty, another sees revolting ugliness.

어느 열정적인 과학자가 시골길을 걷다 더러운 물웅덩이를 발견했습니다. 그는 현미경으로 살펴보기 위해 작은 병에 물을 채우고, 근처에 있던 시골 소년에게 이 물속에 숨겨진 무수한 신비함에 대해 열정적으로 설명했습니다. "이 웅덩이에는 백 가지 아니 몇 백만 개의 우주가 들어 있는 것이나 다름없단다." 그러자 소년은 대답했습니다. "이 우물에 올챙이가 가득하다는 것은 알아요. 게다가 올챙이는 잡기도 쉽답니다."

An enthusiastic naturalist was one day roaming the country lanes in pursuit of his hobby, and during his rambles came upon a pool of brackish water near a farmyard.

As he proceeded to fill a small bottle with the water for the purpose of examination under the microscope, he dilated, with more enthusiasm than discretion, to an uncultivated son of the plough who stood close by, upon the hidden and innumerable wonders contained in the pool, and concluded by saying, "Yes, my friend, within this pool is contained a hundred, nay, a million universes, had we but the sense or the instrument by which we could apprehend them." And the unsophisticated one ponderously remarked, "I know the water be full o' tadpoles, but they be easy to catch."

자연의 법칙과 생명의 신비로움을 아는 과학자의 눈에는 이끼가 잔뜩 피어 있는 우물 속에서 아름다움과 조화로움, 현미경으로만 볼 수 있는 숨겨진 생명체들을 보지만 시골 소년의 눈에는 더럽고 이끼

낀 진흙 웅덩이만 보일 뿐입니다.

평범한 나그네가 무심코 밟는 들꽃은 시인의 눈에는 미지의 전령으로 보입니다. 많은 사람에게 바다는 배가 항해하고 때로 난파도 시키는 무서운 물결이지만 음악가의 영혼은 바다가 살아있는 생명체이며 파도는 황홀한 화음입니다.

*Where the naturalist, his mind stored with the knowledge of natural facts, saw beauty, harmony, and hidden glory, the mind unenlightened upon those things saw only an offensive mud-puddle.*

*The wild flower which the casual wayfarer thoughtlessly tramples upon is, to the spiritual eye of the poet, an angelic messenger from the invisible.*

*To the many, the ocean is but a dreary expanse of water on which ships sail and are sometimes wrecked; to the soul of the musician it is a living thing, and he hears, in all its changing moods, divine harmonies.*

평범한 마음이 재앙이나 혼란을 본다면 철학자의 마음은 가장 완벽한 원인과 결과로의 연결성을 봅니다. 유물론자는 끝없는 죽음을 보지만 신비주의자는 생생하게 살아 있는 영원한 삶을 봅니다.

이렇듯 인간이 사건과 사물에 자신의 생각을 입히듯 다른 사람의 영혼에도 자신의 생각의 옷을 입힙니다. 의심이 많은 사람은 모든 사람을 의심스럽게 보고 거짓말쟁이는 이 세상에 정직한 사람이 없다는 사실을 알고 있다는 것에 안도합니다.

Where the ordinary mind sees disaster and confusion, the mind of the philosopher sees the most perfect sequence of cause and effect, and where the materialist sees nothing but endless death, the mystic sees pulsating and eternal life.

And as we clothe both events and objects with our own thoughts, so likewise do we clothe the souls of others in the garments of our thoughts.

The suspicious believe everybody to be suspicious;

the Liar feels secure in the thought that he is not so foolish as to believe that there is such a phenomenon as a strictly truthful person;

시기하는 사람은 모든 사람에게서 부러운 것을 보며 인색한 사람은 모두가 자신의 돈을 빼앗을 궁리만 한다고 생각합니다. 돈을 벌기 위해 양심을 버린 사람은 누군가 그 돈을 가져갈 것이라는 망상에 빠져 베개 밑에 권총을 놓고 잡니다. 쾌락에 빠진 사람은 성인(聖人)을 위선자라고 비아냥거립니다.

the envious see envy in every soul;

the miser thinks everybody is eager to get his money;

he who has subordinated conscience in the making of his wealth, sleeps with a revolver under his pillow, wrapped in the delusion that the world is full of conscienceless people who are eager to rob him, and the abandoned sensualist looks upon the saint as a hypocrite.

하지만 애정 가득한 생각에 머무는 사람은 모든 것에서 사랑과 연민을 느낍니다. 정직한 사람은 남을 믿고 누군가 자신을 속일지 모른다는 괴로움에 놓이지 않으며, 심성이 선하고 자비로운 사람은 다른 사람이 받은 복을 기뻐하며 질투가 무엇인지도 모릅니다. 그리고 자신 안의 신성, 즉 존재하는 내면의 진짜 나 자신을 깨달은 사람은 야수와 그밖에 모든 존재에게서도 같은 신성함을 발견합니다.

On the other hand, those who dwell in loving thoughts, see that in all which calls forth their love and sympathy; the trusting and honest are not troubled by suspicions; the good-natured and charitable who rejoice at the good fortune of others, scarcely know what envy means; and he who has realized the Divine within himself recognizes it in all beings, even in the beasts.

사람은 자신이 내보내는 것으로 자신을 끌어당기고 자신과 비슷한 사람들과 어울리게 됩니다. "새는 같은 종류끼리 무리를 짓는다"라는 속담은 물질세계와 마찬가지로 생각의 세계 역시 각각 자기와 같은 것에 집착한다는 면에서 큰 가르침이 됩니다.

And men and women are confirmed in their mental outlook because of the fact that, by the law of cause and effect, they attract to themselves that which they send forth, and so come in contact with people similar to themselves.

The old adage, "Birds of a feather flock together," has a deeper significance than is generally attached to it, for in the thought-world *as in the world of matter, each clings to its kind.*


친절을 원하십니까? 그렇다면 친절하게 대하십시오.

진실을 원하십니까? 그렇다면 진실하십시오.

무엇이든 남에게 베푼 것 그대로 자신에게 돌아옵니다.

그대의 세계는 그대를 그대로 비추는 거울입니다.

*Do you wish for kindness? Be kind.*

*Do you ask for truth? Be true.*

*What you give of your self you find;*

*Your world is a reflex of you.*


   당신이 죽음 뒤 행복한 세계를 갈망하는 사람이라면 여기 반가운 소식이 있습니다. 당신은 지금 당장 그 행복의 세계에 즉시 들어갈 수 있습니다. 그 세계는 이미 온 우주를 가득 채우고 있으며 당신 안에서 발견되고 인정받고 소유되기를 기다리고 있습니다. 이 내적인 큰 '나', 즉 내적 존재를 이해하게 된 사람은 성서에 쓰인 이 말에 전적으로 동의할 것입니다. "그러므로 너는 여기에 있다, 저기에 있다, 하는 그들을 좇아가지 말라. 하나님의 왕국은 바로 그대 안에 있느니라."

*If you are one of those who are praying for, and looking forward to, a happier world beyond the grave, here is a message of gladness for you, you may enter into and realize that happy world now; it fills the whole universe, and it is within you, waiting for you to find, acknowledge, and possess. Said one who knew the inner laws of Being, "When men shall say lo here, or lo there, go not after them; the kingdom of God is within you."*

여러분이 이제 해야 할 일은 의심의 여지없는 마음으로 이 사실을 믿고 그것을 이해할 때까지 명상하는 것입니다. 그런 다음 내면을 가다듬고 새롭게 정화하고 마음으로 믿고 이해할 수 있을 때까지 사색하는 일입니다. 호흡하며 생각을 멈추고 내면 깊숙이 기다리고 있는 자신의 존재를 찾으려고 할 때 이 완벽한 힘은 깨어날 것이며 외적인 모든 것들이 얼마나 무력한지 깨닫게 될 것입니다.

*What you have to do is to believe this, simply believe it with a mind unshadowed by doubt, and then meditate upon it till you understand it.*

*You will then begin to purify and to build your inner world, and as you proceed, passing from revelation to revelation, from realization to realization, you will discover the utter powerlessness of outward things beside the magic potency of a self-governed soul.*

모든 고통과 재난을 몰아내고
황야를 기름지게 하고
메마른 사막에 꽃을 피우고 싶다면
먼저 자신을 바로 세우십시오.

세상에 길고 외로운 포로들을 구하고 싶다면
모든 상처 입은 마음을 달래고
슬픔을 끝내십시오.

고통 받는 사람들에게 안식을 주고 싶다면
자신부터 치료하십시오.

세상을 깨우고 싶거든
죽음과 분쟁의 오해에서 벗어나 사랑과 평화를 입으십시오.

그렇게 생명의 밝은 빛을 퍼지게 하고 싶다면
자신부터 깨우십시오.

*If thou would'st right the world, And banish all its evils and its woes,*
*Make its wild places bloom, And its drear deserts blossom as the rose,-*
*Then right thyself. If thou would'st turn the world From its long, lone*

스스로 창조한 '나'

captivity in sin, Restore all broken hearts, Slay grief, and let sweet consolation in. - Turn thou thyself. If thou would'st cure the world Of its long sickness, and its grief and pain; Bring in all-healing joy, And give to the afflicted rest again, - Then cure thyself. If thou would'st wake the world Out of its dream of death and dark'ning strife, Bring it to Love and Peace, And Light and brightness of immortal Life, - Wake thou thyself.

3.
사람은 내면에
모든 불운한 상황을 개선하거나
바꿀 힘이 있습니다

✳

고통은 선을 가로막은 일시적 그림자에 불과하며 지금 내가 보고 있는 세상은 내 자신의 모습을 비추는 거울이라는 것을 알게 된 사람은 이제 확고하면서 매우 쉬운 행보로 걸을 수 있습니다. 이 진실의 법을 듣고 깨달으면 지각의 높은 차원으로 올라가는 것입니다. 이 깨달음은 모든 것이 원인과 결과의 끊임없는 상호작용 속에서 일어나며 그 어떤 것도 이 법과 분리될 수 없다는 사실을 알게 해줍니다.

Having seen and realized that evil is but a passing shadow thrown, by the intercepting self, across the transcendent Form of the Eternal Good, and that the world is a mirror in which each sees a reflection of himself, we now ascend, by firm and easy steps, to that plane of perception whereon is seen and realized the Vision of the Law.

인간의 가장 사소한 생각이나 말, 행동에서부터 우주의 천제를 분류하는 일까지 이 법칙은 모든 것보다 위에 있습니다. 이것에 위배되는 상황은 아주 잠깐이라도 존재할 수 없습니다.

그러므로 삶의 모든 조건은 질서 있고 조화로운 순서로 묶여 있으며 모든 조건의 비밀과 원인은 그 자체 안에 포함되어 있습니다. "사람이 무엇을 심든지 그대로 거두리라."는 법은 영원의 문에 불타는 글자로 새겨져 있으며 아무도 그것을 부정할 수 없고 속일 수도 없으며 피할 수도 없습니다."

*From the most trivial thought, word, or act of man, up to the groupings of the celestial bodies, law reigns supreme. No arbitrary condition can, even for one moment, exist, for such a condition would be a denial and an annihilation of law.*

*Every condition of life is, therefore, bound up in an orderly and harmonious sequence, and the secret and cause of every condition is contained within itself, The law, "Whatsoever a man sows that shall he also reap," is inscribed in flaming letters upon the portal of Eternity, and none can deny it, none can cheat it, none can escape it.*

불에 손을 넣는 사람은 화상을 입어야 하며 어떤 저주나 기도로도 이 사실을 바꿀 수 없습니다. 이와 똑같은 법칙이 마음의 영역에도 적용됩니다. 증오와 분노, 질투와 시기, 쾌락과 탐욕은 모두 불길입니다. 누구든지 그 불길에 닿으면 고통을 겪어야 합니다.

이런 마음을 갖고도 나쁜 상황에 놓이기 싫어하는 마음은 우주의 법을 전복시키려는 노력이기 때문에 그 자체로 '악'이라고 불리우는 것입니다. 따라서 내면에서 혼돈과 혼란으로 이어지고 가까운 시일에 슬픔과 고통, 절망과 함께 질병과 실패, 불행으로 외적인 실제 상황이 실현됩니다.

*He who puts his hand in the fire must suffer the burning until such time as it has worked itself out, and neither curses nor prayers can avail to alter it.*

And precisely the same law governs the realm of mind. Hatred, anger, jealousy, envy, lust, covetousness, all these are fires which burn, and whoever even so much as touches them must suffer the torments of burning.

All these conditions of mind are rightly called "evil," for they are the efforts of the soul to subvert, in its ignorance, the law, an they, therefore, lead to chaos and confusion within, and are sooner or later actualized in the outward circumstances as disease, failure, and misfortune, coupled with grief, pain, and despair.

반면에 사랑과 온유함, 선의와 순결한 의식은 슬픔에 잠긴 영혼에 평화를 불어넣는 시원한 공기와 같으며 우주의 영원한 법과 조화를 이룹니다. 그것은 건강과 평화로운 환경, 변함없는 성공과 행운이라는 형태의 실제 상황으로 실현됩니다. 우주를 관통하는 이 위대한 법칙을 철저히 이해하면 순종하는 마음을 갖게 됩니다. 정의와 조화로움, 사랑이 이 우주에서 가져야 할 최고의 것들입니다. 이것을 아는 것은 모든 불리하고 고통스러운 조건이 이것들과 반대되는 것에서 야기된다는 것을 아는 것입니다.

Whereas love, gentleness, good-will, purity, are cooling airs which breathe peace upon the soul that woes them, and, being in harmony with the Eternal Law, they become actualized in the form of health, peaceful surroundings, and undeviating success and good fortune.

A thorough understanding of this Great Law which permeates the universe leads to the acquirement of that state of mind known as obedience.

*To know that justice, harmony, and love are supreme in the universe is likewise to know that all adverse and painful conditions are the result of our own disobedience to that Law.*

이 지식은 강인함과 영향력으로 이어지며 이 지식이 있어야만 진정과 삶과 지속적인 성공과 행복을 이룰 수 있습니다.

어떤 상황에서도 인내심을 갖고 모든 조건을 이 성품들을 기르는데 필요한 요소로 받아들이는 것은 모든 고통 속에서 확실한 무기를 가진 채 극복에 이르는 길입니다. 이 사실은 순응하며 순종하는 과정에서 완벽하게 제거됩니다.

*Such knowledge leads to strength and power, and it is upon such knowledge alone that a true life and an enduring success and happiness can be built.*

*To be patient under all circumstances, and to accept all conditions as necessary factors in your training, is to rise superior to all painful conditions, and to overcome them with an overcoming which is sure, and which leaves no fear of their return, for by the power of obedience to law they are utterly slain.*

이 진실을 따르는 사람은 우주 질서와 조화를 이루며 법칙에 따라 움직이며 법칙에 따라 자기 자신을 재단해 갑니다. 그러므로 이 사람이 정복하는 것은 영원히 그에게 속해있으며 그가 세우는 것은 무엇이든 파괴되지 않을 것입니다.

모든 힘의 원인도 모든 약함의 원인도 내면에 있고, 모든 행복의 비밀도 모든 불행의 비밀도 모두 내면에 있습니다.

Such an obedient one is working in harmony with the law, has in fact, identified himself with the law, and whatsoever he conquers he conquers for ever, whatsoever he builds can never be destroyed.

The cause of all power, as of all weakness, is within; the secret of all happiness as of all misery is likewise within.

내면의 발전 없이는 진보가 없고 지식으로 쌓는 발전 없이는 번영이나 평화를 이뤄줄 확실한 것이 없습니다.

더 나은 기회, 더 넓은 세상, 더 나은 것을 원한다고 외치는 동시에 속으로는 자신이 처한 상황과 처지에 놓이게 만든 운명을 저주할수도 있습니다. 하지만 삶을 개선하겠다는 확고한 결심이 섰다면 사람은 누구나 그 모든 외적인 환경을 개선시키고 변화시키는 상황을 가져올 수 있습니다.

There is no progress apart from unfoldment within, and no sure foothold of prosperity or peace except by orderly advancement in knowledge.

You say you are chained by circumstances; you cry out for better opportunities, for a wider scope, for improved physical conditions, and perhaps you inwardly curse the fate that binds you hand and foot.

진리는 언제나 그렇듯이, 처음 시도할 때는 까마득하게 보입니다. 유혹적이고 매혹적인 것은 '오류'와 '망상'일 뿐입니다. 이 길을 걷기 시작한다면, 인내심을 갖고 마음을 단련하고 내면에 불순물을 없애야 합니다. 내 안의 존재의 힘과 능력이 스스로 그 힘을 펼치도록 한다면, 당신은 반드시 외적인 삶에 드리우기 시작하는 마법 같은 변화에 놀라게 될 것입니다.

*It is for you that I write; it is to you that I speak. Listen, and let my words burn themselves into your heart, for that which I say to you is truth:*

*You may bring about that improved condition in your outward life which you desire, if you will unswervingly resolve to improve your inner life.*

*I know this pathway looks barren at its commencement* (truth always does, it is only error and delusion which are at first inviting and fascinating,) *but if you undertake to walk it; if you perseveringly discipline your mind, eradicating your weaknesses, and allowing your soul-forces and spiritual powers to unfold themselves, you will be astonished at the magical changes which will be brought about in your outward life.*

앞으로 나아갈수록 금처럼 귀한 기회가 흩어져 있고 그 기회를 적절히 활용할 수 있는 강인함과 판단력이 생겨날 것입니다. 기회를 가져다 줄 친절한 친구들이 앞다퉈 찾아올 것이며 당신이 필요로 하는 책과 다른 모든 외적인 도움들이 찾지 않아도 당신을 찾아 스스로 다가올 것입니다.

*As you proceed, golden opportunities will be strewn across your path, and the power and judgment to properly utilize them will spring up within you. Genial friends will come unbidden to you; sympathetic souls will be drawn to you as the needle is to the magnet; and books and all outward aids that you require will come to you unsought.*

지금 가난이라는 사슬이 무겁게 짓누르고 있고 나를 도울 친구가 없으며, 외롭고, 짊어진 짐이 가벼워지기를 아무리 원해도 실현되지 않으며 오히려 더 짙은 어둠에 휩싸여 있습니까? 그렇다면 아마도 자신의 운명을 탓하고 불평하며 태어난 환경과 부모, 회사의 정책이나 고용주 또는 정치인을 탓하고 풍요와 안락함을 방해했다고 여겨지는 모든 것을 원망하고 있을 겁니다.

그러나 진정으로 이 모든 것에서 벗어나기를 원한다면 지금 그 불평과 불안을 그치십시오. 자신이 탓하는 이 모든 것들은 가난의 원인이 아니기 때문입니다. 원인은 오직 자신 안에 있고, 그 원인이 있는 그 내면에 해결책도 있습니다.

*Perhaps the chains of poverty hang heavily upon you, and you are friendless and alone, and you long with an intense longing that your load may be lightened; but the load continues, and you seem to be enveloped in an ever-increasing darkness.*

*Perhaps you complain, you bewail your lot; you blame your birth,* your parents, your employer, or the unjust Powers who have bestowed upon you so undeservedly poverty and hardship, and upon another affluence and ease.

Cease your complaining and fretting; none of these things which you blame are the cause of your poverty; the cause is within yourself, and where the cause is, there is the remedy.

자신이 불평하는 사람이라는 사실 자체가 불만스러운 상황에 놓일 자격이 있다는 것을 보여주며, 모든 노력과 현실의 개선을 이루는 진실에 대한 믿음이 부족하다는 것을 보여줄 뿐입니다. 우주의 질서에서는 불평하는 사람이 설 자리가 없습니다. 걱정은 영혼의 자살 행위일 뿐입니다. 자신의 마음가짐이 바로 자신을 묶는 사실을 더 강하게 만들고 자신을 감싸는 어둠을 더 가까이 당기는 일입니다. 삶에 대한 자신의 관점을 바꾸면 자신의 외적인 삶의 모습은 틀림없이 바뀔 것입니다.

The very fact that you are a complainer, shows that you deserve your lot; shows that you lack that faith which is the ground of all effort and progress.

There is no room for a complainer in a universe of law, and worry is soul-suicide. By your very attitude of mind you are strengthening the chains which bind you, and are drawing about you the darkness by which you are enveloped, Alter your outlook upon life, and your outward life will alter.

이 놀라운 법칙에 대한 지식으로 자신을 채우십시오. 더 나은 환경과 더 많은 기회를 가질 자격을 갖추십시오. 무엇보다도 먼저 자신이 가진 것을 최대한 활용하고 있는지 확인하십시오. 작은 장점을 간과하면서 더 큰 장점으로 나아갈 수 있다고 착각하지 마십시오. 만약 그렇다면 그 장점은 일시적인 것이며 소홀히 했던 행동의 교훈을 배우기 위해 금방 다시 후퇴할 것이기 때문입니다. 학교에서 아이가 다음 단계로 넘어가기 전에 한 가지 표준을 마스터해야 하듯이 여러분이 그토록 원하는 더 큰 선을 이루기 전에 이미 가지고 있는 것을 충실히 활용해야 합니다.

*Build yourself up in the faith and knowledge, and make yourself worthy of better surroundings and wider opportunities. Be sure, first of all, that you are making the best of what you have.*

*Do not delude yourself into supposing that you can step into greater advantages whilst overlooking smaller ones, for if you could, the advantage would be impermanent and you would quickly fall back again in order to learn the lesson which you had neglected.*

*As the child at school must master one standard before passing onto the next, so, before you can have that greater good which you so desire, must you faithfully employ that which you already possess.*

성서에서 언급된 달란트의 비유는 이 가르침을 이해하는 데 매우 유익합니다.

자신이 가진 것이 아무리 보잘 것 없고 하찮은 것이라도 쉽게 다루거나 소홀히 하거나 업신여긴다면 그 작은 것조차 빼앗길 수 있다는 것을 명백하게 말해주지 않습니까? 자신의 행동으로 그것을 받을 자격이 없음을 보여주기 때문입니다.

The parable of the talents is a beautiful story illustrative of this truth, for does it not plainly show that if we misuse, neglect, or degrade that which we possess, be it ever so mean and insignificant, even that little will be taken from us, for, by our conduct we show that we are unworthy of it.

아마도 지금 작은 집에 살며 건강에 해로운 환경에서 일하고 있을지 모르겠습니다. 더 큰 집과 더 위생적이고 쾌적한 환경에서 일하기를 바라고 있다면 우선 지금 그곳을 작은 천국으로 만드십시오. 흠잡을 데 없이 깨끗하게 유지하십시오. 허용되는 범위 내에서 예쁘게 단장하십시오. 평범한 음식을 정성스럽게 요리하고 가능한 깨끗하게 정돈을 마친 식탁에서 식사하십시오. 카펫을 살 여유가 없다면 미소와 밝은 마음이라는 카펫을 깔고 멋진 그림과 액자를 대신한 친절한 말을 적어 벽에 못으로 고정하십시오.

Perhaps you are living in a small cottage, and are surrounded by unhealthy and vicious influences.

You desire a larger and more sanitary residence. Then you must fit yourself for such a residence by first of all making your cottage as

far as possible a little paradise. Keep it spotlessly clean. Make it look
as pretty and sweet as your limited means will allow. Cook your plain
food with all care, and arrange your humble table as tastefully as you
possibly can.

If you cannot afford a carpet, let your rooms be carpeted with
smiles and welcomes, fastened down with the nails of kind words
driven in with the hammer of patience.

인내심. 이 보이지 않는 카펫은 그 어떤 햇볕에도 빛이 바래지 않
으며 오랫동안 사용해도 결코 닳지 않습니다. 현재의 환경을 감사하
게 여기며 귀하게 여김으로써 그것들을 뛰어넘을 것입니다. 그것이
필요한 상황으로 뛰어넘을 것입니다. 적절한 때에 당신을 한결같이
기다리며 온전히 내 것인 더 나은 집과 환경으로 넘어갈 것입니다.
생각과 노력을 위한 더 많은 시간을 갖고 싶지만 일하는 시간이 너무
길다고 느낄 수도 있습니다. 그렇다면 조금이라도 남는 시간을 최대
한 활용하고 있는지 확인해 보십시오.

시간이 더 생기기를 원하는 것은 부질없습니다. 자신에게 이미
있는 얼마 안 되는 시간을 낭비하고 있다면 시간이 많아져 봐야 나태
해질 뿐입니다.

Such a carpet will not fade in the sun, and constant use will never
wear it away.

By so ennobling your present surroundings you will rise above them, and above the need of them, and at the right time you will pass on into the better house and surroundings which have all along been waiting for you, and which you have fitted yourself to occupy.

Perhaps you desire more time for thought and effort, and feel that your hours of labor are too hard and long. Then see to it that you are utilizing to the fullest possible extent what little spare time you have.

It is useless to desire more time, if you are already wasting what little you have; for you would only grow more indolent and indifferent.


가난과 여유를 느낄 시간의 부족을 고통으로 여기지 마십시오. 그것이 자신의 발전에 방해가 된다면 그것은 방해로 여기는 자신의 나약함 때문이며 그 상황을 나쁘게 보는 것도 자신 안에 있습니다. 스스로 마음을 만들고 조각하는 한 그대는 자신의 운명의 창조자입니다. 변화하는 과정에서 이 힘이 실재한다는 사실을 점점 더 깨닫게 되면 그 모든 불리한 것들이 축복으로 바뀔 수 있다는 것을 알게 될 것입니다.

Even poverty and lack of time and leisure are not the evils that you imagine they are, and if they hinder you in your progress, it is because you have clothed them in your own weaknesses, and the evil that you see in them is really in yourself. Endeavor to fully and completely realize that in so far as you shape and mould your mind, you are the maker of your destiny, and as, by the transmuting power of self-discipline you realize this more and more, you will come to see that

스스로 창조한 '나'

*these so-called evils may be converted into blessings.*

그대는 가난을 인내와 희망과 용기를 기르는 데 활용하고 시간의 부족함을 절도 있는 행동과 결단력을 기르는 데 필요한 기회로 사용해 순간을 소중하게 쓰는 방법을 길러낼 것입니다. 가장 비옥한 땅에서 가장 아름다운 꽃이 자랍니다. 가난이라는 어두운 토양에서 인간의 가장 아름다운 꽃이 피어왔습니다. 대처해야 할 어려움과 극복해야 할 불만족스러운 조건이 있는 곳에서 나타내는 미덕은 자신을 가장 크게 번성시키고 영광스러운 모습으로 드러낼 것입니다.

*You will then utilize your poverty for the cultivation of patience, hope and courage; and your lack of time in the gaining of promptness of action and decision of mind, by seizing the precious moments as they present themselves for your acceptance.*

*As in the rankest soil the most beautiful flowers are grown, so in the dark soil of poverty the choicest flowers of humanity have developed and bloomed.*

*Where there are difficulties to cope with, and unsatisfactory conditions to overcome, there virtue most flourishes and manifests its glory.*

가혹한 고용주에게 혹독한 대우를 받고 있다면 이 또한 훈련에 필요한 것으로 생각하십시오. 고용주의 나쁜 태도에 온유함과 용서로 대하십시오. 끊임없는 인내와 자제력을 연습하십시오. 불이익을 정신과 내적인 힘을 키우는 데 활용함으로써 당신의 조용한 모범과 바른 태도가 그를 가르칠 것입니다. 고용주에게 보인 태도에 작은 교훈들이 일어나 고용주가 자신의 행동을 돌아보게 되고 동시에 더 나은 환경에 놓일 수 있도록 조절할 것입니다.

*It may be that you are in the employ of a tyrannous master or mistress, and you feel that you are harshly treated. Look upon this also as necessary to your training. Return your employer's unkindness with gentleness and forgiveness.*

*Practice unceasingly patience and self-control. Turn the disadvantage to account by utilizing it for the gaining of mental and spiritual strength, and by your silent example and influence you will thus be teaching your employer, will be helping him to grow ashamed of his conduct, and will, at the same time, be lifting yourself up to that height of spiritual attainment by which you will be enabled to step into new and more congenial surroundings at the time when they are presented to you.*

자신이 노예라고 해서 불평하지 마십시오. 오히려 고귀한 행동으로 노예의 차원을 넘어 자기 자신을 들어 올리십시오. 자신이 다른 사람의 노예라고 불평하기 전에 자신이 스스로를 노예로 만들어 놓고 있는지 살펴십시오. 내면을 들여다보십시오. 거기에 노예적인 생각, 노예적인 욕망, 노예적인 습관을 발견하게 된다면 결코 스스로에게 자비를 베풀지 마십시오.

*Do not complain that you are a slave, but lift yourself up, by noble conduct, above the plane of slavery. Before complaining that you are a slave to another, be sure that you are not a slave to self.*

*Look within; look searchingly, and have no mercy upon yourself. You will find there, perchance, slavish thoughts, slavish desires, and in your daily life and conduct slavish habits.*

오히려 이 상태를 정복하고 스스로 노예가 되지 않으면 그 누구도 노예로 삼을 힘을 갖지 못할 것입니다. 자신의 내면을 넘어서면 모든 악조건을 극복할 힘을 가질 수 있고 모든 어려움도 그 발 앞에 무너질 것입니다.

*Conquer these; cease to be a slave to self, and no man will have the power to enslave you. As you overcome self, you will overcome all adverse conditions, and every difficulty will fall before you.*

부자들에게 억압받는다고 불평하지 마십시오. 부를 얻게 되면 나 자신은 결코 억압자가 되지 않을 수 있다고 확신할 수 있습니까? 절대적으로 정의로운 영원한 법칙에 의지하십시오. 오늘 누군가를 억압하는 사람은 내일 억압당할 것입니다. 그리고 이 법에서 벗어나지 못할 것입니다.

*Do not complain that you are oppressed by the rich. Are you sure that if you gained riches you would not be an oppressor yourself?*

*Remember that there is the Eternal Law which is absolutely*

just, and that he who oppresses today must himself be oppressed
tomorrow; and from this there is no way of escape.

And perhaps you, yesterday (in some former existence) were rich and
an oppressor, and that you are now merely paying off the debt which
you owe to the Great Law. Practice, therefore, fortitude and faith.


영원한 정의, 영원한 선에 대해 끊임없이 생각하십시오. 개인적
이고 일시적인 영역에서 벗어나 영원한 차원으로 끌어올리도록 노
력하십시오. 다른 사람으로부터 상처받거나 억압받고 있다는 망상
을 떨쳐버리십시오. 내면의 삶과 그 삶을 지배하는 법칙에 대한 깊은
이해로 자신이 실제로는 내 안에서 만들어 낸 것에 의해서만 상처받
고 있다는 사실을 깨닫도록 노력하십시오. 자기 연민보다 더 비열한
것은 없습니다. 그것은 자신을 더 비하시키고 내면까지 파괴하는 행
위입니다.

Dwell constantly in mind upon the Eternal justice, the Eternal
Good. Endeavor to lift yourself above the personal and the transitory
into the impersonal and permanent.

Shake off the delusion that you are being injured or oppressed by
another, and try to realize, by a profounder comprehension of your
inner life, and the laws which govern that life, that you are only really
injured by what is within you. There is no practice more degrading,
debasing, and soul-destroying than that of self-pity.

스스로 창조한 '나'

그것을 자신에게서 쫓아내십시오. 그것들이 자신의 마음을 갉아 먹는 동안에는 결코 더 풍성한 삶으로 성장할 수 없습니다. 다른 사람을 판단하는 것을 멈추고 자신을 판단하기 시작하십시오. 흠 없는 순수함과 반대되는 행동이나 생각을 허용하지 마십시오. 그렇게 한다면 영원한 반석 위에 집을 짓게 될 것이며 행복과 평온함에 필요한 모든 것이 제때에 올 것입니다.

Cast it out from you. While such a canker is feeding upon your heart you can never expect to grow into a fuller life.

Cease from the condemnation of others, and begin to condemn yourself. Condone none of your acts, desires or thoughts that will not bear comparison with spotless purity, or endure the light of sinless good.

By so doing you will be building your house upon the rock of the Eternal, and all that is required for your happiness and well-being will come to you in its own time.

가난이든 그 어떤 어려운 환경 상태라도 영구적으로 벗어날 수 있는 방법은 그것을 일으킨 이기적이고 부정적인 마음의 상태를 근절하는 것 외에는 사실상 존재하지 않습니다. 부를 얻는 길은 덕을 쌓아 영혼을 풍요롭게 하는 것입니다. 진정한 의도로 쌓은 마음의 미덕이 없는 곳에는 번영도 권력도 존재하지 않으며 그렇게 보이는 껍데기들만이 있을 뿐입니다. 저는 덕을 쌓지 않은 사람들이 돈을 벌고 덕도 쌓지 않는다는 것을 잘 알고 있습니다. 그런 돈은 진정한 재물이 되지 않습니다. 악한 사람이 번영하는 것을 지켜보는 것은 고통스럽습니다. 하지만 그들의 소유는 일시적이고 불안정한 것들 뿐입니다.

There is positively no way of permanently rising above poverty, or any undesirable condition, except by eradicating those selfish and negative conditions within, of which these are the reflection, and by virtue of which they continue.

The way to true riches is to enrich the soul by the acquisition of virtue. Outside of real heart-virtue there is neither prosperity nor power, but only the appearances of these. I am aware that men make money who have acquired no measure of virtue, and have little desire to do so; but such money does not constitute true riches, and its possession is transitory and feverish.

다음은 다윗의 간증입니다.

"내가 악인의 번영을 보고 어리석은 자를 부러워하였나이다. 그들의 눈은 살쪄서 눈에 띄고 마음이 바라는 것보다 더 많은 것을 가지고 있습니다. 진실로 나는 헛되이 내 마음을 깨끗이 하고 순결하게 손을 씻었습니다. 내가 이것을 알기 위해 생각했을 때 너무 고통스러워서 하나님의 성소에 들어가서야 그들의 끝을 깨달았습니다."

악인들의 번영은 다윗이 하나님의 성소에 들어가서 그들의 끝을 알기 전까지 다윗에게 큰 시련이었습니다.

여러분도 마찬가지로 그 성소에 들어갈 수 있습니다. 그것은 여러분 안에 있습니다. 그것은 더럽고 개인적이며 영원한 모든 것이 위로 올라가고 보편적이고 영속적인 원리가 실현될 때 나타나는 의식의 상태입니다.

그것이 바로 신의 의식 상태입니다. 오랜 투쟁과 자기 수련을 통해 그 상태에 놓이는 데 성공하면, 선과 악을 막론하고 모든 인간의 생각과 노력의 끝과 열매를 인식하게 될 것입니다.

Here is David's testimony: "For I was envious at the foolish when I saw the prosperity of the wicked...... Their eyes stand out with fatness; they have more than heart could wish.... Verily I have cleansed my heart in vain, and washed my hands in innocence... When I thought to know this it was too painful for me; until I went into the sanctuary of God, then understood I their end."

The prosperity of the wicked was a great trial to David until he went into the sanctuary of God, and then he knew their end.

You likewise may go into that sanctuary. It is within you. It is that state of consciousness which remains when all that is sordid, and personal, and impermanent is risen above, and universal and eternal principles are realized.

That is the God state of consciousness; it is the sanctuary of the Most High. When by long strife and self-discipline, you have *succeeded in entering the door of that holy Temple, you will perceive, with unobstructed vision, the end and fruit of all human thought and endeavor, both good and evil.*

이것을 알면 부도덕한 사람이 외적인 부를 축적하는 것에 위축되지 않을 것입니다. 오히려 그는 다시 가난으로 돌아오게 된다는 것을 알기 때문입니다.

*You will then no longer relax your faith when you see the immoral man accumulating outward riches, for you will know, that he must come again to poverty and degradation.*

덕이 없는 부자는 실제로는 가난하며, 강물이 바다로 흘러가는 것만큼이나 분명히 그는 모든 재물 가운데서 가난과 불행을 향해 표류하며, 비록 부유하게 죽더라도 그는 모든 부도덕의 쓴 열매를 거두게 될 것입니다.

그러나 겉으로는 가난하지만 덕이 충분한 사람은 진정으로 부유한 사람입니다. 그는 모든 가난 속에서도 번영을 향해 나아가고 있으며 풍요로운 기쁨과 행복도 그를 기다리고 있습니다. 진정으로 영원한 번영을 구한다면 덕을 쌓으십시오. 그러므로 '부' 자체를 우선적이고 유일한 목표로 삼고 부를 얻기 위해 탐욕스런 행동을 하는 것은 현명하지 못한 것입니다. 그렇게 하는 것은 궁극적으로 자신을 패배시키는 것입니다.

The rich man who is barren of virtue is, in reality, poor, and as surely, as the waters of the river are drifting to the ocean, so surely is he, in the midst of all his riches, drifting towards poverty and misfortune; and though he die rich, yet must he return to reap the bitter fruit of all of his immorality.

And though he become rich many times, yet as many times must he be thrown back into poverty, until, by long experience and suffering he conquers the poverty within.

But the man who is outwardly poor, yet rich in virtue, is truly rich, and, in the midst of all his poverty he is surely traveling towards prosperity; and abounding joy and bliss await his coming. If you would become truly and permanently prosperous, you must first become virtuous.

It is therefore unwise to aim directly at prosperity, to make it the one object of life, to reach out greedily for it, To do this is to ultimately defeat yourself.

오히려 내면의 완성을 목표로 삼고 자기완성을 목적으로 삼으며, 유용하고 이타적인 봉사를 삶의 횃불로 삼아 지고지순하고 변하지 않는 선을 향한 손을 내밀어야 합니다.

자신을 위해서 재물을 원한다고 말하는 것이 아니라 재물을 가지고 선을 행하고 다른 사람들을 돕고 축복하기 위해 재물을 원한다고 말하는 사람도 있습니다. 이것이 진실이라면 재물은 반드시 그에게 올 것입니다. 재물의 소유자가 아닌 재물을 관리하는 관리자로 자신을 여긴다면 그는 참으로 강하고 이기적이지 않은 사람입니다.

But rather aim at self-perfection, make useful and unselfish service the object of your life, and ever reach out hands of faith towards the supreme and unalterable Good.

You say you desire wealth, not for your own sake, but in order to do good with it, and to bless others. If this is your real ( motive in desiring wealth, then wealth will come to you; for you are strong and unselfish indeed if, in the midst of riches, you are willing to look upon yourself as steward and not as owner.


그러니 동기를 잘 살펴보십시오. 다른 사람을 축복한다는 명목으로 돈을 원하는 진짜 근본적인 동기가 인기를 얻고 자선가나 박애주의자처럼 보이려는 욕망이 아닌지 살피십시오.

적은 돈으로 좋은 일을 하지 않고 돈이 많을수록 그것에 의존한다면 이기적인 사람이 될 것이며 돈으로 좋은 일을 하는 것처럼 보여도 자기를 높이기 위한 것에 불과할 것입니다.

But examine well your motive, for in the majority of instances where money is desired for the admitted object of blessing others, the real underlying motive is a love of popularity, and a desire to pose as a philanthropist or reformer.

If you are not doing good with what little you have, depend upon it the more money you got the more selfish you would become, and all *the good you appeared to do with your money, if you attempted to do any, would be so much insinuating self-laudation.*

선한 일을 하고 싶은 마음이 있다면 돈을 벌 때까지 기다릴 필요 없이 지금, 바로 이 순간 자신이 있는 곳에서 할 수 있습니다. 정말 이타적인 사람이라면 지금 당장 다른 사람을 위해 자신을 희생함으로써 보여줄 수 있습니다. 아무리 가난해도 자기희생은 가능합니다. 성서에서도 자신의 모든 것을 넣은 사람은 가난한 과부 아니었습니까?

*If your real desire is to do good, there is no need to wait for money before you do it; you can do it now, this very moment, and just where you are. If you are really so unselfish as you believe yourself to be, you will show it by sacrificing yourself for others now.*

*No matter how poor you are, there is room for self-sacrifice, for did not the widow put her all into the treasury?*

진정으로 선을 행하려는 마음은 돈을 기다렸다가 하지 않습니다. 오히려 이웃과 낯선 사람, 친구와 적을 구별하지 않고 은혜로운 행동으로 나타냅니다. 결과가 원인과 하나이듯 풍요와 힘도 내면의 선과 관련 있고, 가난과 약함도 내면의 악과 관련이 있습니다.

*The heart that truly desires to do good does not wait for money before doing it, but comes to the altar of sacrifice and, leaving there*

*the unworthy elements of self, goes out and breathes upon neighbor
and stranger, friend and enemy alike the breath of blessedness.*

*As the effect is related to the cause, so is prosperity and power
related to the inward good and poverty and weakness to the inward
evil.*

물질적인 돈은 진정한 의미의 부나 지위, 권력을 이루지 못합니다. 이것을 이루는데 돈에만 의지하면 미끄러운 길 위에 서 있는 것과 같습니다. 진정한 부는 덕을 쌓아서 만들어진 부입니다. 진정한 힘은 그것을 사용하는 것입니다.

마음을 바로잡으면 인생도 바로잡을 수 있습니다. 정욕과 미움, 분노와 허영, 교만, 탐욕, 게으름, 이기심과 완고함 같은 것은 가난을 이루며 나약함을 만드는 요소입니다.

*Money does not constitute true wealth, nor position, nor power,
and to rely upon it alone is to stand upon a slippery place.*

*Your true wealth is your stock of virtue, and your true power the
uses to which you put it. Rectify your heart, and you will rectify your
life. Lust, hatred, anger, vanity, pride, covetousness, self-indulgence,
self-seeking, obstinacy,- all these are poverty and weakness;*

사랑과 순결, 온유와 자비로움, 평화와 자비, 관대함과 상냥함, 너그러움과 자기를 희생하려는 결심은 부를 이루며 힘을 만드는 요소입니다. 가난과 나약함의 요소가 극복되면 저항할 수 없는 힘이 내

스스로 창조한 '나'

면에서 솟아납니다. 지고한 덕으로 이름을 알린 사람은 세상을 자신의 발아래 두게 됩니다.

whereas love, purity, gentleness, meekness, compassion, generosity, self-forgetfulness, and self-renunciation,- all these are wealth and power.

As the elements of poverty and weakness are overcome, an irresistible and allconquering power is evolved from within, and he who succeeds in establishing himself in the highest virtue, brings the whole world to his feet.

그러나 가난한 사람과 마찬가지로 부자라고 해도 불행한 상황에 놓일 수 있고, 종종 가난한 사람보다 행복이 더 멀리 떨어져 나갈 수 있습니다. 바로 이 지점에서 행복이란 외적인 현상이나 소유물로써 가 아닌 내적인 삶에 달려있음을 알 수 있습니다.

고용주로서 고용한 사람들과 다툼이 끝없이 일어나고 있거나 충실하고 선한 사람을 얻었지만 곧 나가버리는 일이 반복되는 상황에 놓여있습니까? 반복된 이런 상황 때문에 인간에 대한 신뢰를 잃어가고 있거나 완전히 상실해 버렸습니까? 이 상황들을 해결해 보려고 임금을 높여주고 약간의 자율성과 자유를 허용해 주려고 시도하고 있습니까? 하지만 여전히 문제는 해결되지 않은 채 그대로 남아 있습니까? 그렇다면 충고가 필요한 상태입니다.

But the rich, as well as the poor, have their undesirable conditions, and are frequently farther removed from happiness than the poor. And here we see how happiness depends, not upon outward aids or possessions, but upon the inward life.

Perhaps you are an employer, and you have endless trouble with those whom you employ, and when you do get good and faithful servants they quickly leave you. As a result you are beginning to lose, or have completely lost, your faith in human nature.

You try to remedy matters by giving better wages, and by allowing certain liberties, yet matters remain unaltered. Let me advise you.

문제는 직원들이 아닌 자기 자신입니다. 그 자신의 이기적인 욕망에 있습니다. 또는 은밀하게 감춰둔 의심하는 마음에 있습니다. 친절하지 못한 태도에 있습니다. 비록 태도나 말투에 드러나지 않아도 주변 사람들에게 독기를 내뿜고 잘잘못을 잘 가려내는 똑부러진 사람인냥 행세하는 것으로 드러낸 것입니다.

The secret of all your trouble is not in your servants, it is in yourself; and if you look within, with a humble and sincere desire to discover and eradicate your error, you will, sooner or later, find the origin of all your unhappiness.

It may be some selfish desire, or lurking suspicion, or unkind attitude of mind which sends out its poison upon those about you, and reacts upon yourself, even though you may not show it in your manner or speech.

고용된 사람들을 친절한 마음으로 생각하고 자신이 그들의 처지였다면 하고 싶지 않은 과도한 일거리를 요구하지 않아야 합니다. 자기를 낮추고 주인을 위해 봉사하는 영혼은 매우 아름답습니다. 그러나 그보다 더 드물고 찬란히 아름다운 것은 자신의 권위 아래 생계를 위해 자신에게 의존하는 사람들의 행복을 생각하는 영혼입니다. 그 영혼은 고귀함이며 신성한 아름다움인 것입니다.

Think of your servants with kindness, consider of them that extremity of service which you yourself would not care to perform were you in their place.

Rare and beautiful is that humility of soul by which a servant entirely forgets himself in his master's good; but far rarer, and beautiful with a divine beauty, is that nobility of soul by which a man, forgetting his own happiness, seeks the happiness of those who are under his authority, and who depend upon him for their bodily sustenance.

이 사람의 행복은 열 배로 증가하게 됩니다. 그는 고용된 사람들에 대해 불평할 일이 생기지 않습니다. 직원을 해고할 필요가 거의 없는 상황이 되며 그 이유에 대해 이렇게 말합니다.

And such a man's happiness is increased tenfold, nor does he need to complain of those whom he employs. Said a well known and extensive employer of labor, who never needs to dismiss an employee:

"저는 늘 직원들과 좋은 유대관계를 맺어왔습니다. 어떻게 하면 그렇게 할 수 있는지 방법을 묻는다면 내가 그들에게 원하는 것을 먼저 해주는 것이 나의 목표였다는 말 밖에 할 말이 없습니다."

이 말에 모든 좋은 조건을 확고히 하고 그렇지 못한 조건을 극복하는 비밀이 담겨 있습니다.

외롭습니까? 사랑받지 못하고 친구도 한 명 없습니까?

그렇다면 자기 자신 외에 아무도 비난하지 마십시오. 다른 사람에게 친절하게 대하십시오. 곧 친구들이 몰려들 것입니다. 나 스스로 사랑스럽고 순수한 사람이 되면 모든 사람에게 사랑 받습니다.

"I have always had the happiest relations with my workpeople. If you ask me how it is to be accounted for, I can only say that it has been my aim from the first to do to them as I would wish to be done by." Herein lies the secret by which all desirable conditions are secured, and all that are undesirable are overcome.

Do you say that you are lonely and unloved, and have "not a friend in the world?" Then, I pray you, for the sake of your own happiness, blame nobody but yourself.

Be friendly towards others, and friends will soon flock round you. Make yourself pure and lovable, and you will be loved by all.

삶을 힘겹게 하는 그 무엇이든 자기 정화와 자기 정복으로 변화하는 힘을 내면에서 개발하고 실천함으로써 그 모든 조건에서 벗어

스스로 창조한 '나'

나 저 너머로 나아갈 수 있습니다.

그것이 고통스러운 가난이든 관리의 범위를 넘어서는 부담스러운 부이든, 혹은 불행이나 어떤 슬픔이든 이것들은 세상에 나오게 만든 자신 내면의 이기적인 요소를 극복함으로써 벗어날 수 있습니다.

Whatever conditions are rendering your life burdensome, you may pass out of and beyond them by developing and utilizing within you the transforming power of self-purification and self-conquest.

Be it the poverty which galls(and remember that the poverty upon which I have been dilating is that poverty which is a source of misery, and not that voluntary poverty which is the glory of emancipated souls), or the riches which burden, or the many misfortunes, griefs, and annoyances which form the dark background in the web of life, you may overcome them by overcoming the selfish elements within which give them life.

속죄해야 할 과거의 생각과 행동이 있다는 것은 중요하지 않습니다. 불변의 법칙에 따라 우리는 삶의 매 순간마다 새로운 생각과 행동을 시작할 수 있습니다. 우리는 그것을 좋게 또는 나쁘게 만들 수 있는 힘을 갖고 있습니다.

It matters not that by the unfailing Law, there are past thoughts and acts to work out and to atone for, as, by the same law, we are setting in motion, during every moment of our life, fresh thoughts and acts, and we have the power to make them good or ill.

그러므로 가난에서 벗어나고 고통에서 벗어나고 근심과 한숨과 불평과 상심과 외로움에서 벗어나 그것들에 싸여 있던 나 자신에게서 벗어나십시오. 이기심이라는 하찮은 누더기를 벗어버리고 사랑이라는 새 옷을 입으십시오. 그러면 내면의 천국, 즉 진정한 의미의 행복을 깨닫게 될 것입니다. 그리고 곧 자신의 외적인 삶에 반영돼 나타날 것입니다.

또한 (뿌린 것을 거두는) 사람이 돈을 잃거나 지위를 잃어야 한다면, 인내심도 잃거나 강직함도 잃어야 할 것입니다. 자기 자신에게 집착하는 사람은 자신의 적이며 적에게 둘러싸여 있습니다.

자기를 버리는 사람은 자신의 구원자이며, 보호대처럼 친구들에게 둘러싸여 있습니다. 순수한 마음의 신성한 광채 앞에서 모든 어둠이 사라지고 모든 구름이 녹아 없어지며, 자아를 정복한 사람은 우주를 정복한 사람입니다.

그러므로 가난에서 벗어나고, 고통에서 벗어나고, 고민과 한숨과 불평과 불만과 상심과 외로움에서 벗어나서 자아(에고)에서 나오십시오. 이기심이라는 사소하고 낡고 너덜너덜한 옷을 벗어버리고 우주적 사랑이라는 새 옷을 입으십시오. 그러면 내면의 천국을 깨닫게 될 것이고, 그것은 당신의 모든 외적인 삶에 반영될 것입니다.

Nor does it follow that if a man (reaping what he has sown) must lose money or forfeit position, that he must also lose his fortitude or *forfeit his uprightness, and it is in these that his wealth and power and happiness are to be found. He who clings to self is his own enemy and is surrounded by enemies.*

*He who relinquishes self is his own savior, and is surrounded by friends like a protecting belt. Before the divine radiance of a pure heart all darkness vanishes and all clouds melt away, and he who has conquered self has conquered the universe.*

*Come, then, out of your poverty; come out of your pain; come out of your troubles, and sighings, and complainings, and heartaches, and loneliness by coming out of yourself.*

자신을 극복하는 정복의 길에 군건하게 발걸음을 내딛고 옮기는 사람은 반드시 최고의 번영을 이룰 것이며 풍족하고 지속적인 기쁨과 행복을 거둘 것입니다. 최고의 선, 고귀한 아름다움을 추구하는 사람은 모든 것이 가장 현명하고 좋은 것이 목적이 되어 펼쳐질 것입니다.

이들에게는 악한 사람이나 상황이 쉽게 오지 않으며 왔다 가도 서둘러 사라질 것입니다. 지혜는 모든 형태의 악에서 발휘될 것입니다. 패배는 더 고귀한 목적을 향해 가기 위해 잠시 들를 것이며 곧 이득으로 이어줄 것입니다. 모든 고통은 완전한 행복의 길로 인도하는 스승입니다. 생각과 말과 행동을 바로잡을 수 있는 길로 인도하는 것입니다.

He who sets his foot firmly upon the path of self-conquest, who walks, aided by the staff of Faith, the highway of self-sacrifice, will assuredly achieve the highest prosperity, and will reap abounding and enduring joy and bliss.

# 4.

## 노예가 되는 것을 멈추고
## 삶의 주인이 되십시오

✳

이 우주 전체에서 가장 강력한 힘은 침묵의 힘입니다. 그 힘의 강도에 따라 올바르게 사용하면 유익한 힘이 되고 잘못 사용하면 파괴적인 힘이 됩니다. 안타까운 것은 우주에서 이토록 강력한 힘인 생각의 힘이 끊임없이 구원과 파괴의 흐름으로 발산되고 있다는 사실과 이것을 마음의 영역으로 적용하는 방법을 배운 사람이 아직 거의 없다는 것입니다.

The most powerful forces in the universe are the silent forces; and in accordance with the intensity of its power does a force become beneficent when rightly directed, and destructive when wrongly employed.

This is a common knowledge in regard to the mechanical forces, such as steam, electricity, etc., but few have yet learned to apply this knowledge to the realm of mind, where the thought-forces (most powerful of all) are continually being generated and sent forth as currents of salvation or destruction.

진화를 거듭해 오는 단계에서 인간은 생각의 힘을 알게 되었고 현재 인류가 누리고 있는 많은 것들이 바로 이 생각의 힘의 완전한 정복에서 나왔습니다.

At this stage of his evolution, man has entered into the possession *of these forces, and the whole trend of his present advancement is their complete subjugation. All the wisdom possible to man on this material earth is to be found only in complete self-mastery, and the command, "Love your enemies," resolves itself into an exhortation to enter here and now, into the possession of that sublime wisdom by taking hold of, mastering and transmuting, those mind forces to which man is now slavishly subject, and by which he is helplessly borne, like a straw on the stream, upon the currents of selfishness.*

최고의 법률가로 평가되는 고대 히브리 선지자들은 이 궁극적인 법칙에 대한 완벽한 지식을 갖고 있었습니다. 그들은 국가적인 재난이나 성공을 당시 나라 전반에 퍼져있는 만연한 생각이나 열망과 연관 지을 줄 알았습니다. 또한 언제나 바깥에서 일어난 사건을 내적 사고와 연결해서 바라봤습니다.

*The Hebrew prophets, with their perfect knowledge of the Supreme Law, always related outward events to inward thought, and associated national disaster or success with the thoughts and desires that dominated the nation at the time.*

생각의 원인이 되는 힘에 대한 지식이 모든 예언의 기초가 된 것입니다. 그것이 진정한 지혜의 힘이라는 것을 알았기 때문입니다. 국가적인 사건은 그 나라의 정신적인 힘이 작용된 결과라는 걸 알았습니다. 전쟁이나 전염병, 기근은 잘못된 방향으로 향하는 생각의 힘들이 만나 충돌하는 것이며 우주 법칙이 대행자로서 파멸에 개입해 나온 결과라는 것을 알았습니다.

The knowledge of the causal power of thought is the basis of all their prophecies, as it is the basis of all real wisdom and power. National events are simply the working out of the psychic forces of the nation.

Wars, plagues, and famines are the meeting and clashing of wrongly-directed thought-forces, the culminating points at which destruction steps in as the agent of the Law.

현재 일어나는 그 어떤 전쟁 역시 한 사람이나 어느 한 단체의 영향 탓으로 돌리는 것은 어리석은 일입니다. 전쟁이란 국가적인 이기심이 정점에 달해 벌어지는 참극이기 때문입니다.

모든 것을 드러나게 하는 것은, 그 안에 은밀하게 품고 있으면서 모든 것을 이기는 생각의 힘입니다. 우주는 생각에서부터 자라났습니다. 물질은 단지 객관화된 생각에 불과합니다. 인간의 모든 업적은 생각에서 먼저 나온 뒤에 실체화되었습니다.

It is foolish to ascribe war to the influence of one man, or to one body of men. It is the crowning horror of national selfishness.

It is the silent and conquering thought-forces which bring all things into manifestation.

The universe grew out of thought. Matter in its last analysis is found to be merely objectivized thought. All men's accomplishments were first wrought out in thought, and then objectivized.

작가, 발명가, 건축가는 먼저 생각으로 작품을 구축하고 모든 부분을 생각의 평면 위에서 완전하고 조화로운 전체로 완성한 다음 그것을 물질로 구체화하기 시작합니다.

모든 것을 지배하는 이 우주의 법칙과 생각이 가진 강력한 힘이 선한 것과 조화를 이루면 만물을 보호하는 힘이 됩니다. 바로 이 방향으로 삶을 살 때 그 어떤 역경과 고난, 불행과 가난까지 모든 것을 해결할 힘이 됩니다. 믿는 자에게 복이 있다는 이 말 안에 구원의 참된 의미가 담겨 있습니다. 영원한 선의 빛을 깨닫고 그 안에서 걸을 때 고통과 어둠은 소멸됩니다.

The author, the inventor, the architect, first builds up his work in thought, and having perfected it in all its parts as a complete and harmonious whole upon the thought-plane. he then commences to materialize it, to bring it down to the material or sense-plane.

When the thought-forces are directed in harmony with the over-ruling Law, they are up-building and preservative, but when subverted they become disintegrating and self-destructive.

To adjust all your thoughts to a perfect and unswerving faith in the omnipotence and supremacy of Good, is to co-operate with that Good, and to realize within yourself the solution and destruction of all evil. Believe and ye shall live.

And here we have the true meaning of salvation; salvation from the darkness and negation of evil, by entering into, and realizing the living light of the Eternal Good.

두려움과 걱정, 불안과 의심, 고통과 원한, 낙담은 무지와 이 우주 법칙에 대한 믿음의 부족의 결과입니다. 이 모든 마음 상태는 이기심의 직접적인 결과이며 악의 힘과 우월감을 가진 마음에서 비롯된 산물입니다. 따라서 이러한 부정적이고 영혼을 파괴하는 마음의 조건 속에서 살고 그 지배를 받는 것이야말로 진정한 의미의 무신론입니다. 인류에게 필요한 것은 그런 상태에서의 탈출입니다.

Where there is fear, worry, anxiety, doubt, trouble, chagrin, or disappointment, there is ignorance and lack of faith.

All these conditions of mind are the direct outcome of selfishness, and are based upon an inherent belief in the power and supremacy of evil; they therefore constitute practical atheism; and to live in, and become subject to, these negative and soul-destroying conditions of mind is the only real atheism.

It is salvation from such conditions that the race needs, and let no man boast of salvation whilst he is their helpless and obedient slave.

영원한 정의와 우주 전체에 존재하는 선, 그리고 한없는 사랑에 대한 본질적인 믿음을 갖고 있다면 어떻게 삶을 두려워하거나 걱정할 수 있겠습니까? 두려워하고 걱정하고 의심하는 것은 부정하고 믿지 않는 것입니다. 이런 정신 상태에서 모든 나약함과 실패가 진행됩니다. 이런 생각들이 긍정적인 생각의 힘을 무력화시키고 붕괴시키기 때문입니다.

> To fear or to worry is as sinful as to curse, for how can one fear or worry if he intrinsically believes in the Eternal justice, the Omnipotent Good, the Boundless Love? To fear, to worry, to doubt, is to deny, to dis-believe.

> It is from such states of mind that all weakness and failure proceed, for they represent the annulling and disintegrating of the positive thought-forces which would otherwise speed to their object with power, and bring about their own beneficent results.

이런 부정적인 조건을 극복하는 것은 자기 스스로 주인이 되는 삶으로 들어가는 것이며 노예가 되는 것을 멈추고 주인이 되는 것입니다. 이런 결과를 만드는 유일한 방법은 내면의 지식을 꾸준히 키워가는 지속적인 성장뿐입니다. 정신적으로 고통과 악한 것을 부정하는 것만으로는 충분하지 않습니다. 매일의 실천이 이 무지의 악을 극복하고 이해할 수 있는 길입니다. 정신적으로 선을 좋은 것으로 알고 인정하는 것으로는 충분하지 않습니다. 확고한 노력으로 그 안에 들어가 깊이 이해해야 합니다.

> To overcome these negative conditions is to enter into a life of power, is to cease to be a slave, and to become a master, and there is only one way by which they can be overcome, and that is by steady and persistent growth in inward knowledge.

자기 통제의 훈련은 자신의 내면에 있는 생각의 힘에 대한 지식으로 이어지고 나중에는 생각의 힘을 올바르게 사용하고 지시할 수 있는 힘까지 갖게 됩니다.

정신적 힘을 통제하는 만큼 일과 외적인 환경을 지배할 수 있습니다.

손만 대면 모든 것이 무너져 내리고 성공을 손에 쥐고 있어도 그것을 유지할 수 없는 사람을 내 앞으로 데려와 보십시오. 그러면 그가 부정하는 마음의 조건에 끊임없이 머무는 사람임을 증명해 보이겠습니다.

*The intelligent practice of self-control, quickly leads to a knowledge of one's interior thought-forces, and, later on, to the acquisition of that power by which they are rightly employed and directed.*

*In the measure that you master self, that you control your mental forces instead of being controlled by them, in just such measure will you master affairs and outward circumstances.*

*Show me a man under whose touch everything crumbles away, and who cannot retain success even when it is placed in his hands, and I will show you a man who dwells continually in those conditions of mind which are the very negation of power.*

의심의 늪에 영원히 빠져 있거나 끝없는 두려움에 끌려다니거나 불안의 바람에 이리저리 날아다니는 것은 노예가 되는 것입니다. 성공과 영향력이 이들의 문밖에서 두드리며 들어갈 것을 애타게 구해도 그들은 지속적으로 노예의 삶을 살 사람들입니다. 이들에게는 신념이 없고 자립심도 없으며 자신의 일을 올바르게 처리할 능력도 없기에 언제나 상황의 노예일 뿐 아니라 실제로도 자기 자신의 노예입니다.

To be for ever wallowing in the bogs of doubt, to be drawn continually into the quicksands of fear, or blown ceaselessly about by the winds of anxiety, is to be a slave, and to live the life of a slave, even though success and influence be for ever knocking at your door seeking for admittance.

Such a man, being without faith and without self-government, is incapable of the right government of his affairs, and is a slave to circumstances; in reality a slave to himself.

이런 사람들은 고통을 통해서만 배우며 쓰라린 아픔의 경험을 통해서만 나약함을 강인함으로 변화시킵니다. 그러나 보이지 않는 우주의 법칙과 생각과 내면이 가진 힘에 대한 믿음과 목적은 삶의 원동력입니다. 이것에 대한 강렬한 믿음과 확고한 목적의식으로 이루지 못할 일은 없습니다. 매일 묵묵히 실천함으로써 생각의 힘이 모이고 매일 묵묵히 목적을 더 강화해 감으로써 그 힘이 목표의 성취를 향해 나아가게 합니다.

Such are taught by affliction, and ultimately pass from weakness to strength by the stress of bitter experience. Faith and purpose constitute the motive- power of life.

There is nothing that a strong faith and an unflinching purpose may not accomplish. By the daily exercise of silent faith, the thought-forces are gathered together, and by the daily strengthening of silent purpose, those forces are directed toward the object of accomplishment.

인생에서 어떤 위치에 있든 성공과 힘을 얻으려면 먼저 평온함과 차분함을 기르면서 그 안에 생각의 힘을 집중하는 방법을 배워야 합니다. 당신이 사업가인데 난데없이 엄청난 시련이나 커다란 위기가 일어났다고 가정해 봅시다. 두려움과 불안이 커지고 그 생각에 압도됩니다.

Whatever your position in life may be, before you can hope to enter into any measure of success, usefulness, and power, you must learn how to focus your thought-forces by cultivating calmness and repose. It may be that you are a business man, and you are suddenly confronted with some overwhelming difficulty or probable disaster. You grow fearful and anxious, and are at your wit's end.

하지만 이 상태에 머물고 그 안으로 더 들어가는 것은 치명적입니다. 이제 이른 아침이나 밤에 한두 시간의 조용한 시간을 활용해 혼자만의 공간으로 들어가십시오. 외부 자극으로부터 절대적으로 자유로운 분위기에서 편안한 마음으로 자신을 쉬게 하십시오. 그때, 불안한 현재 상황에서 억지로라도 벗어나 나를 행복하게 해주는 생각에 머물면 차분하고 평온한 힘이 점차 마음을 옅게 하고 불안을 사라지게 해줄 것입니다.

To persist in such a state of mind would be fatal, for when anxiety steps in, correct judgment passes out. Now if you will take advantage of a quiet hour or two in the early morning or at night, and go away to some solitary spot, or to some room in your house where you know you will be absolutely free from intrusion, and, having seated yourself in an easy attitude, you forcibly direct your mind right away from the object of anxiety by dwelling upon something in your life that is pleasing and blissgiving, a calm, reposeful strength will gradually steal into your mind, and your anxiety will pass away.

마음이 걱정이라는 낮은 차원으로 되돌아가는 것을 발견하는 순간, 다시 마음을 끌고 와 평화와 힘의 영역으로 자신을 다시 세우십시오. 이것이 가능해지면 어려움을 해결하는 방법에 온 마음을 집중할 수 있으며 복잡하고 극복할 수 없던 일들이 평범한 문제처럼 쉽게 될 것입니다. 평온하고 고요한 마음속에서 빛을 발하는 명확한 비전과 완전한 판단력으로 올바른 길과 그것으로부터 얻게 될 끝을 볼 수 있을 것입니다.

Upon the instant that you find your mind reverting to the lower plane of worry bring it back again, and re-establish it on the plane of peace and strength.

When this is fully accomplished, you may then concentrate your whole mind upon the solution of your difficulty, and what was intricate and insurmountable to you in your hour of anxiety will be made plain and easy, and you will see, with that clear vision and perfect judgment which belong only to a calm and untroubled mind, the right course to pursue and the proper end to be brought about.

마음을 완벽하게 진정시키기까지 매일매일 노력해야겠지만 인내하면 확실히 그렇게 될 것입니다. 그렇게 얻어진 평온함 가운데서 자신에게 요구된 마땅한 행동을 해 나가야 합니다.

It may be that you will have to try day after day before you will be able to perfectly calm your mind, but if you persevere you will certainly accomplish it. And the course which is presented to you in that hour of calmness must be carried out.

당연히 사업에 다시 몰입하다 보면 걱정이 다시 들어와서 당신을 지배하려 들 것입니다. 이때 지금까지 평온을 유지하려고 했던 행동들이 유치하거나 어리석고 쓸데없는 일처럼 느껴져도 결코 그 생각에 휩쓸려가지 마십시오. 불안한 내면이 아닌 평온한 사색에 고요하게 잠기는 시간만이 올바른 판단을 내릴 수 있는 시간입니다.

Doubtless when you are again involved in the business of the day, and worries again creep in and begin to dominate you, you will begin *to think that the course is a wrong or foolish one, but do not heed such suggestions.*

*Be guided absolutely and entirely by the vision of calmness, and not by the shadows of anxiety. The hour of calmness is the hour of illumination and correct judgment.*

이런 정신적 훈련 과정을 통해 흩어진 생각의 힘이 하나로 응집할 뿐 아니라 마치 광선의 빛처럼 당면한 문제에 직접적으로 사용돼 그 일이 해결되는 결과를 낳습니다. 아무리 큰 어려움도 침착하고 강력한 내면의 집중 앞에서는 굴복됩니다. 영혼의 힘을 현명하게 사용하고 올바른 방향으로 사용한다면 그 어떤 목표도 빠르게 실현할 수 있습니다.

*By such a course of mental discipline the scattered thought-forces are re-united, and directed, like the rays of the search-light, upon the problem at issue, with the result that it gives way before them.*

*There is no difficulty, however great, but will yield before a calm and powerful concentration of thought, and no legitimate object but may be speedily actualized by the intelligent use and direction of one's soul-forces.*

이 강력한 내면의 본성의 힘을 깊이깊이 탐구하고 생각의 신비한 힘과 외부 세계와 분리할 수 없는 관계를 올바른 자세와 방향으로 잡을 때, 삶을 재조정시키고 변화시키는 마법 같은 힘에 대해 개념을 가질 수 있을 것입니다.

당신이 생각하는 모든 생각은 외부 세계로 내보낸 힘이며 그 생각의 성질과 강렬함 정도에 따라 선이나 악으로 자신에게 영향을 끼칠 것입니다. 마음과 마음 사이에는 끊임없는 상호 작용이 있으며 이런 방식으로 생각의 힘은 끊임없이 교환됩니다.

Not until you have gone deeply and searchingly into your inner nature, and have overcome many enemies that lurk there, can you have any approximate conception of the subtle power of thought, of its inseparable relation to outward and material things, or of its magical potency, when rightly poised and directed, in readjusting and transforming the life-condition.

Every thought you think is a force sent out, and in accordance with its nature and intensity will it go out to seek a lodgment in minds receptive to it, and will react upon yourself for good or evil. There is ceaseless reciprocity between mind and mind, and a continual interchange of thought-forces.

이기적이고 불안한 생각은 다른 사람의 마음속에 있는 악을 자극하고 강화하기 위해 내보내는 수많은 악의 영향력, 즉 악의 지원군이며 그 악은 다시 나 자신에게 더 큰 힘으로 되돌아옵니다.

평온하고 순수하며 이타적인 생각은 건강과 치유와 축복을 날개로 달고 세상에 파견된 수많은 천사의 사자입니다. 악의 세력에 대항하고 불안과 슬픔의 수렁에 기쁨의 기름을 부어주고 상한 마음을 회복시켜 본래 갖고 있던 완전성을 회복시킵니다.

Selfish and disturbing thoughts are so many malignant and destructive forces, messengers of evil, sent out to stimulate and augment the evil in other minds, which in turn send them back upon you with added power.

While thoughts that are calm, pure, and unselfish are so many angelic messengers sent out into the world with health, healing, and blessedness upon their wings, counteracting the evil forces; pouring the oil of joy upon the troubled waters of anxiety and sorrow, and restoring to broken hearts their heritage of immortality.

좋은 생각을 하면 좋은 조건의 형태로 외적인 삶에서 바르게 실현될 것입니다. 자신이 가진 내면, 영혼의 힘을 사용하면 외적인 삶을 자신이 원하는 대로 형성할 수 있습니다. 구세주는 자기 안에 있는 모든 힘을 완벽하게 통제할 수 있는 반면 죄인은 그 힘에 의해 지배되고 통제되는 차이점이 있습니다. 진정한 힘과 지속적인 평화에 이르는 길은 자제력과 주도적 사고, 자기 정화 외에는 다른 길이 전혀 없습니다. 자신의 기질에 휘둘린다는 것은 무력하고 불행하며 세상에서 거의 쓸모없는 존재가 되는 것입니다.

Think good thoughts, and they will quickly become actualized in your outward life in the form of good conditions. Control your soul-forces, and you will be able to shape your outward life as you will.

The difference between a savior and a sinner is this, that the one has a perfect control of all the forces within him; the other is dominated and controlled by them.

There is absolutely no other way to true power and abiding peace, but by self-control, self-government, self-purification. To be at the mercy of your disposition is to be impotent, unhappy, and of little real use in the world.

좋다거나 싫다는 하찮은 감정들과 변덕스러운 사랑과 증오, 분노와 의심, 질투와 다소 무력하게 지배당하는 모든 기분의 변화를 정복하는 일이야말로 행복과 번영을 짜는 황금 실입니다.

The conquest of your petty likes and dislikes, your capricious loves and hates, your fits of anger, suspicion, jealousy, and all the changing moods to which you are more or less helplessly subject, this is the task you have before you if you would weave into the web of life the golden threads of happiness and prosperity.

내면의 변화하는 기분의 노예가 되는 한, 다른 사람들과 바깥 세계에 계속 휘둘리게 됩니다. 확신에 찬 발걸음을 내딛으며 어떤 종류의 성취를 이루기 위해서라도 성장을 가로막는 불쾌한 감정과 기분을 초월하고 조정하는 법을 배워야 합니다.

In so far as you are enslaved by the changing moods within you, will you need to depend upon others and upon outward aids as you walk through life.

*If you would walk firmly and securely, and would accomplish any achievement, you must learn to rise above and control all such disturbing and retarding vibrations.*

'침묵 속으로 들어가기.' 즉, 마음을 쉬게 하는 습관을 연습해야 합니다. 이것은 괴로운 생각을 평화의 생각으로, 약한 생각을 강한 생각으로 바꾸는 방법입니다. 이 작업에 성공하기 전까지는 인생의 문제 해결과 약간의 성공도 기대할 수 없습니다. 고요함 즉, '침묵 속 에서'만 흩어진 사람의 힘이 강력해질 수 있기 때문입니다.

*You must daily practice the habit of putting your mind at rest, "going into the silence," as it is commonly called. This is a method of replacing a troubled thought with one of peace, a thought of weakness with one of strength.*

*Until you succeed in doing this you cannot hope to direct your mental forces upon the problems and pursuits of life with any appreciable measure of success. It is a process of diverting one's scattered forces into one powerful channel.*

쓸모없는 늪지대에 고인 더러운 물이 흘러 나가고 나서야 풍성 하고 비옥한 땅이 될 수 있듯이 평정심을 얻은 사람은 내면의 생각의 흐름을 제압하고 이끌며 영혼을 구원하고 마음과 삶을 풍요롭게 합 니다.

충동과 생각을 다스리는 데 성공하면 내면에서 자라나는 새롭고 조용한 힘이 느껴지기 시작하고 안정된 평정심과 잠재된 힘이 저절로 발휘되기 시작할 것입니다. 과거에 자신의 노력이 미약하고 소용없었다면 이제 조용한 자신감으로 일할 수 있게 될 것입니다.

Just as a useless marsh may be converted into a field of golden corn or a fruitful garden by draining and directing the scattered and harmful streams into one wellcut channel, so, he who acquires calmness, and subdues and directs the thought currents within himself, saves his soul, and fructifies his heart and life.

As you succeed in gaining mastery over your impulses and thoughts you will begin to feel, growing up within you, a new and silent power, and a settled feeling of composure and strength will remain with you.

Your latent powers will begin to unfold themselves, and whereas formerly your efforts were weak and ineffectual, you will now be able to work with that calm confidence which commands success.

그 결과 이 새로운 힘과 함께 '직관'이라는 내면의 조명이 자신 안에서 깨어나 더 이상 어둠 속에서, 추측이 아닌 빛과 확신 속에서 인생을 걷게 될 것입니다. 이런 내면을 가진 사람으로 발달해 갈수록 판단력과 맑은 통찰력이 헤아릴 수 없을 정도로 커지고 멀리 내다보는 깊은 혜안으로 자신 안에서 진화해 나갈 것입니다.

And along with this new power and strength, there will be awakened within you that interior Illumination known as "intuition," and you will walk no longer in darkness and speculation, but in light and certainty.

*With the development of this soul-vision, judgment and mental penetration will be incalculably increased, and there will evolve within you that prophetic vision by the aid of which you will be able to sense coming events, and to forecast, with remarkable accuracy, the result of your efforts.*

이렇게 내면의 변화가 일어나는 만큼 삶에 대한 관점이 크게 변화되며 그렇게 바뀐 행동으로 다른 사람을 대하면 그들도 당신에 대한 태도와 행동이 바뀌게 됩니다.

*And in just the measure that you alter from within will your outlook upon life alter; and as you alter your mental attitude towards others they will alter in their attitude and conduct toward you.*

저속하고 나약하고 해로운 생각을 넘어, 순수하고 고귀한 마음에서 생성되는 긍정적이고 강인하고 진취적인 에너지와 연결될 때 행복은 헤아릴 수 없을 정도로 강화됩니다. 오직 자기 내면으로부터 나오는 기쁨과 에너지, 무한한 자신감을 깨닫기 시작할 것입니다.

그리고 이런 힘들은 자신의 내면으로부터 지속적으로 발산될 것입니다. 아무런 노력 없이, 아니 그것을 전혀 의식하지 못할지라도 영향력 강한, 힘 있는 사람들이 사신에게 이끌려 움직이고 영향을 줄 것입니다. 많은 일들이 당신의 손에 맡겨질 것이며 변화된 생각의 세계에 따라 외부의 사건들이 스스로 형성될 것입니다.

"자신의 적은 자기 집안사람이다."라는 말처럼 쓸모 있고 강인하고 행복해지고 싶은 사람이라면 자기 내면에 도사리고 있는 부정적이고 구차하고 불결한 생각의 흐름을 멈춰야 합니다. 현명한 집주인이 하인들을 부리고 여러 손님들을 초대하듯 각 개인이 권위를 갖고 나 자신의 영혼의 집인 내면에 어떤 생각을 받아들일지 결정해야 합니다.

As you rise above the lower, debilitating, and destructive thought-forces, you will come in contact with the positive, strengthening, and up-building currents generated by strong, pure, and noble minds, your happiness will be immeasurably intensified, and you will begin to realize the joy, strength, and power, which are born only of self-mastery.

"A man's foes are they of his own household," and he who would be useful, strong, and happy, must cease to be a passive receptacle for the negative, beggarly, and impure streams of thought; and as a wise householder commands his servants and invites his guests, so must he learn to command his desires, and to say, with authority, what thoughts he shall admit into the mansion of his soul.

작은 실천, 내면의 작은 변화만 일어나도 그 힘은 크게 증가됩니다. 이 절대적이고 숭고한 일을 완성한 사람은 꿈도 꾸지 못했던 지혜와 내면의 힘과 평화를 소유하게 되며 우주의 모든 힘이 그의 발자

취를 돕고 보호한다는 것을 깨닫게 됩니다.

Even a very partial success in self-mastery adds greatly to one's power, and he who succeeds in perfecting this divine accomplishment, enters into possession of undreamed-of wisdom and inward strength and peace, and realizes that all the forces of the universe aid and protect his footsteps who is master of his soul.


가장 높은 천국에 오를 것입니까.

가장 낮은 지옥을 뚫을 것입니까.

끊임없는 아름다움을 상상하는 꿈속에 살 것입니까.

아니면 가장 천박한 생각 속에 머물 것입니까.

당신의 생각은 위로는 천국이고

당신의 생각은 아래로는 지옥인 것이니

행복은 생각 외에는 있지 않고

고통은 아무것도 아니지만

생각 말고는 알 수 없습니다.

Would you scale the highest heaven, Would you pierce the lowest hell,
Live in dreams of constant beauty, Or in basest thinkings dwell.
For your thoughts are heaven above you, And your thoughts are hell below:
Bliss is not, except in thinking, Torment nought but thought can know.

생각만 해도 세상은 사라지고

영광은 꿈속에서나 있을 뿐입니다.

그리고 영원한 생각의 흐름에서

존엄과 수치와 슬픔,

고통과 번뇌, 사랑과 증오는 운명을 지배하는

강하게 펄떡이는 생각의 가면일 뿐입니다.

*Worlds would vanish but for thinking; Glory is not but in dreams; And the*
*Drama of the ages From the Thought Eternal streams.*
*Dignity and shame and sorrow, Pain and anguish, love and hate Are but*
*maskings of the mighty Pulsing Thought that governs Fate.*


하나의 영원한 꿈을 만드십시오.

꿈은 모두 당신 안에 있고

몽상가는 아침이 그를 깨우기를 기다립니다.

그곳은 순수하고 완벽한 존재가 머무는 곳

악은 단지 그것을 생각하는 생각이고

선은 그것을 그렇게 만드는 생각입니다.

빛과 어둠, 죄와 순결도 마찬가지로 생각에서 자라납니다.

마음을 지극히 높은 곳에 고정시키면

그대 자신이 지극히 높은 이가 될 것입니다.

*And the Dream is all within you, And the Dreamer waiteth long For the*

스스로 창조한 '나'

Morning to awake him To the living thought and strong.

That shall make the ideal real, Make to vanish dreams of hell In the highest, holiest heaven Where the pure and perfect dwell. Evil is the thought that thinks it.

Good, the thought that makes it so; Light and darkness, sin and pureness Likewise out of thinking grow. Dwell in thought upon the Grandest, And the Grandest you shall see; Fix your mind upon the Highest, And the Highest you shall be.

# 5.

## 내면의 고요함 속에
## 모든 해답이 들어 있습니다

✦

우리는 어릴 적 질리지 않는 동화를 반복해서 듣기를 얼마나 즐겼었는지 기억합니다. 위기의 순간에 교활한 마녀나 사악한 계략으로부터 보호 받는 소년이나 소녀의 행적에 눈과 귀를 활짝 열고 좇았습니다. 어린 우리는 주인공들의 운명을 믿었고 모든 적에 대한 그들의 승리를 의심하지 않았습니다.

요정들은 언제나 옳았고, 선하고 진실한 편에 선 사람들을 결코 저버리지 않는다는 것을 믿었습니다. '그리고 영원히 행복하게 살았습니다'로 끝나는 이야기들은 언제나 마음에 기쁨을 꿈틀거리게 해주었습니다.

We all remember with what intense delight, as children, we listened to the never-tiring fairy-tale. How eagerly we followed the fluctuating fortunes of the good boy or girl, ever protected, in the hour of crisis, from the evil machinations of the scheming witch, the cruel giant, or the wicked king.

And our little hearts never faltered for the fate of the hero or heroine, nor did we doubt their ultimate triumph over all their enemies, for we knew that the fairies were infallible, and that they would never desert those who had consecrated themselves to the good and the true.

And what unspeakable joy pulsated within us when the Fairy-Queen, bringing all her magic to bear at the critical moment,

*scattered all the darkness and trouble, and granted them the complete
satisfaction of all their hopes, and they were "happy ever after."*

세월이 흘러 현실이라는 세상에 살게 되면서 요정의 세계는 사라지고 그 멋진 이야기들은 비현실적인 이야기와 주인공들로 전락해 버렸습니다. 이 꿈의 나라를 영원히 떠나면서 이제 자신이 현명한 사람이 되었다고 생각했습니다.

그러나 지혜의 신비로운 세계에서 다시 어린아이가 되면 결국 동화의 이야기가 현실이었다는 사실을 발견하게 됩니다.

*With the accumulating years, and an ever-increasing intimacy with
the so-called "realities" of life, our beautiful fairy-world became
obliterated, and its wonderful inhabitants were relegated, in the
archives of memory, to the shadowy and unreal.*

*And we thought we were wise and strong in thus leaving for ever
the land of childish dreams, but as we re-become little children in the
wondrous world of wisdom, we shall return again to the inspiring
dreams of childhood and find that they are, after all, realities.*

아주 작거나 보이지도 않지만 모든 것을 정복하고 마법의 힘까지 가진 요정들이 선함과 건강, 부와 행복, 그리고 자연의 모든 선물들을 풍성하게 줍니다. 지혜가 자라남에 따라 생각의 힘과 내면을 지배하는 법칙을 깨달은 사람은 깊은 영역에서 불멸의 존재가 됩니다.

*The fairy-folk, so small and nearly always invisible, yet possessed of an all-conquering and magical power, who bestow upon the good, health, wealth, and happiness, along with all the gifts of nature in lavish profusion, start again into reality and become immortalized in the soul-realm of him who, by growth in wisdom, has entered into a knowledge of the power of thought, and the laws which govern the inner world of being.*

그에게 요정들은 생각의 메신저이며 생각의 힘으로 모든 것을 이루는 선과 조화를 이루며 일하게 됩니다. 그리고 날마다 자신의 마음을 선과 조화시키기 위해 노력하는 사람들은 실제로 진정한 건강과 부, 행복을 얻습니다.

*To him the fairies live again as thought-people, thought-messengers, thought-powers working in harmony with the over-ruling Good. And they who, day by day, endeavor to harmonize their hearts with the heart of the Supreme Good, do in reality acquire true health, wealth, and happiness.*

인간에게 있어 선에 견줄 수 있는 확실한 보호는 없습니다. 다만 여기서 의미하는 선은 규칙으로 정해진 외형적 도덕규범 같은 행동을 의미하지 않습니다. 여기서의 선은 순수한 생각, 고귀한 열망, 이타적인 사랑, 명예를 가지려는 것으로부터의 자유를 의미합니다.

*There is no protection to compare with goodness, and by*

*"goodness" I do not mean a mere outward conformity to the rules of morality; I mean pure thought, noble aspiration, unselfish love, and freedom from vainglory.*

좋은 생각에 계속 머무른다는 것은 다정함과 내적인 고요함을 다가온 모든 사람이 느끼도록 하는 것입니다. 떠오르는 태양이 무기력함을 물리치듯 모든 악의 세력은 순결함과 신념 앞에 쫓겨납니다. 굳건한 믿음과 선 앞에서는 결코 타협하지 않는 순결이 있고, 그 안에는 건강이 있고 성공이 있고 힘이 있습니다.

그런 사람에게는 질병이나 실패, 재앙이 깃들 수 없습니다. 그 부정적인 나쁜 것들에 먹잇감이 될 만한 것이 아무것도 없기 때문입니다.

*To dwell continually in good thoughts, is to throw around oneself a psychic atmosphere of sweetness and power which leaves its impress upon all who come in contact with it. As the rising sun puts to rout the helpless shadows, so are all the impotent forces of evil put to flight by the searching rays of positive thought which shine forth from a heart made strong in purity and faith.*

육체도 정신 상태에 따라 크게 좌우되며 현재의 과학들조차 이런 사실을 부정하지 못하고 있습니다. 인간은 자신의 몸보다 우월하며 자신의 몸은 생각의 힘으로 만들어 간다는 새로운 사실이 증명되

**196**
스스로 창조한 '나'

고 있습니다.

비탄에 빠지는 것이 병들었기 때문이 아니라 비탄에 빠졌기 때문에 병든다는 사실을 깨닫게 된 것입니다. 이제 모든 질병이 마음에서 온다는 사실은 상식이 될 것입니다.

Even physical conditions are largely determined by mental states, and to this truth the scientific world is rapidly being drawn.

The old, materialistic belief that a man is what his body makes him, is rapidly passing away, and is being replaced by the inspiring belief that man is superior to his body, and that his body is what he makes it by the power of thought.

Men everywhere are ceasing to believe that a man is despairing because he is dyspeptic, and are coming to understand that he is dyspeptic because he is despairing, and in the near future, the fact that all disease has its origin in the mind will become common knowledge.

이 우주 전체와 세상에는 악이 없습니다. 다만 인간의 마음의 뿌리에서만 악의 근원이 있습니다. 죄악과 질병, 슬픔과 재난은 실제로는 우주 질서에 속하지 않으며 다만 이것들에 대한 무지의 직접적인 결과에 불과한 것입니다.

There is no evil in the universe but has its root and origin in the mind, and sin, sickness, sorrow, and affliction do not, in reality, belong to the universal order, are not inherent in the nature of things, but are the direct outcome of our ignorance of the right relations of things.

역사에 따르면 옛날 인도의 어떤 철학자들은 절대적인 순수함과 단순한 삶을 살았기 때문에 150세까지 사는 게 예사였다고 합니다. 그들에게 병에 걸린다는 것은 우주의 법칙, 자연의 법칙을 어겼다는 증거가 되었기 때문에 용납할 수 없는 수치로 여겨졌다고 합니다.

질병이 신이 내린 것이라거나 삶의 어떤 시험이 아니라 자신의 무지의 실수나 진리를 모른 죄의 결과라는 것을 더 빨리 깨닫고 인정할수록 우리는 더 빨리 건강한 탄탄대로에 들어설 수 있습니다.

병은 병을 부르는 사람들에게 가게 마련입니다. 정신과 마음이 병을 받아들여야 병이 찾아오는 법입니다. 강인하고 순수하며 긍정적인 생각은 내뿜는 치유와 생명의 흐름을 가진 사람에게서는 병이 제 발로 도망칩니다.

According to tradition, there once lived, in India, a school of philosophers who led a life of such absolute purity and simplicity that they commonly reached the age of one hundred and fifty years, and to fall sick was looked upon by them as an unpardonable disgrace, for it was considered to indicate a violation of law.

The sooner we realize and acknowledge that sickness, far from being the arbitrary visitation of an offended God, or the test of an unwise Providence, is the result of our own error or sin, the sooner shall we enter upon the highway of health.

Disease comes to those who attract it, to those whose minds and bodies are receptive to it, and flees from those whose strong, pure, and positive thought-sphere generates healing and life-giving currents.

분노와 걱정, 질투와 탐욕, 어떤 것이든 조화롭지 못한 마음 상태에 사로잡혀 있으면서 완벽한 육체적 건강을 기대하는 것은 불가능을 기대하는 것이며 오히려 마음으로부터 질병의 씨앗을 계속 뿌리는 것과 같습니다.

If you are given to anger, worry, jealousy, greed, or any other inharmonious state of mind, and expect perfect physical health, you are expecting the impossible, for you are continually sowing the seeds of disease in your mind.

현명한 사람은 그런 마음 상태가 하수구나 병균으로 득실거리는 집에 사는 것보다 훨씬 더 위험하다는 것을 알고 있기 때문에 조심스럽게 피합니다. 모든 육체적 고통에서 벗어나 건강하고 활기찬 조화를 누리고 싶다면 마음을 정리하고 생각을 정돈하십시오. 즐거운 생각을 하고 사랑 가득한 생각을 하고 선한 생각에서 나오는 신비한 묘약이 혈관을 따라 흐르게 하면 이보다 더 좋은 약은 없을 것입니다.

Such conditions of mind are carefully shunned by the wise man, for he knows them to be far more dangerous than a bad drain or an infected house.

If you would be free from all physical aches and pains, and would enjoy perfect physical harmony, then put your mind in order, and harmonize your thoughts. Think joyful thoughts; think loving thoughts; let the elixir of goodwill course through your veins, and you will need no other medicine.

질투나 의심, 걱정이나 미움, 이기적인 행동을 버리면 소화불량이나 스트레스, 온몸의 크고 작은 통증들이 사라질 것입니다. 이런 해로운 정신 습관을 버리지 않았다면 병에 걸려도 불평하지 말기 바랍니다.

다음의 일화는 마음의 습관이 몸의 질병과 어떤 밀접한 관계를 갖는지를 보여줍니다.

어떤 남자가 고통스러운 질병에 걸려 여러 의사를 찾아다녔지만 이렇다 할 소용이 없었습니다. 병을 고쳐 준다는 온천으로 유명한 마을들을 찾아가 치료해도 소용이 없었습니다.

Put away your jealousies, your suspicions, your worries, your hatreds, your selfish indulgences, and you will put away your dyspepsia, your biliousness, your nervousness and aching joints.

If you will persist in clinging to these debilitating and demoralizing habits of mind, then do not complain when your body is laid low with sickness.

The following story illustrates the close relation that exists between habits of mind and bodily conditions.

A certain man was afflicted with a painful disease, and he tried one physician after another, but all to no purpose. He then visited towns which were famous for their curative waters, and after having bathed in them all, his disease was more painful than ever.

어느 날 밤, 그는 꿈속에서 어느 현자를 만나게 되었습니다. 그는 이렇게 말했습니다.

"형제여, 당신의 병을 치료할 수 있는 모든 방법을 찾아 그렇게 해 보았습니까?"

"네. 저는 모든 것을 다 시험해 봤습니다."

"형제여, 당신은 그렇게 하지 않았습니다. 나를 따라오십시오. 내가 지금껏 알지 못했던 치유의 온천이 있는 곳에 데려가 주겠습니다."

그를 따라나서자 현자는 남자에게 물웅덩이를 보여주며 이렇게 말했습니다.

"이 물에 몸을 담그면 반드시 회복될 것입니다."

그리고 현자는 사라졌습니다.

One night he dreamed that a Presence came to him and said, "Brother, hast thou tried all the means of cure?" and he replied, "I have tried all." "Nay," said the Presence, "Come with me, and I will show thee a healing bath which has escaped thy notice." ·

The afflicted man followed, and the Presence led him to a clear pool of water, and said, "Plunge thyself in this water and thou shalt surely recover," and thereupon vanished.

물속에서 몸을 담그고 있던 남자가 잠시 후 몸을 일으켰을 때, 병이 씻은 듯이 사라졌습니다! 그때 물웅덩이 위쪽에 '포기하라'는 글자가 씌어져 있는 게 보였습니다.

잠에서 깨어나자마자 꿈의 의미 전체가 그의 뇌리를 스쳐갔습니다. 그는 곰곰이 스스로를 반성했고 지금껏 방종한 생활로 기력을 빼앗겨 왔다는 사실을 깨달았습니다. 그는 방종한 생활을 영원히 포기하겠다고 맹세했습니다. 그는 맹세를 지켰으며, 그날 이후 그의 고통은 사라지기 시작했고 곧 건강을 완전히 되찾게 되었습니다.

*The man plunged into the water, and on coming out, lo! his disease had left him, and at the same moment he saw written above the pool the word "Renounce." Upon waking, the fall meaning of his dream flashed across his mind, and looking within he discovered that he had, all along, been a victim to a sinful indulgence, and he vowed that he would renounce it for ever.*

*He carried out his vow, and from that day his affliction began to leave him, and in a short time he was completely restored to health.*

많은 사람이 과로 때문에 몸에 병이 들었다고 말합니다. 하지만 이들 중 대다수는 무분별하게 기력을 낭비한 결과인 경우가 더 많습니다. 건강을 지키려면 매사에 판단하는 습관 없이 일하는 법을 배워야 합니다. 좋고 싫음, 기쁨과 슬픔 같은 판단을 모든 일에 내세우는 습관이 사람의 내면에 있습니다. 불안해하거나 흥분하거나 일어나지도 않은 불필요한 이후의 일이나 상황을 짐작하면서 걱정하는 마음 상태 때문에 몸은 고장 날 수 있습니다.

정신의 노동이든 육체의 노동이든 유익할 수 있습니다. 꾸준히

할 수 있으면서 침착하고 끈기 있게 일할 수 있는 사람은 더 많은 유익도 얻습니다.

Many people complain that they have broken down through overwork. In the majority of such cases the breakdown is more frequently the result of foolishly wasted energy.

If you would secure health you must learn to work without friction. To become anxious or excited, or to worry over needless details is to invite a breakdown.

모든 근심과 걱정을 잊고 그저 지금 자신이 맡은 일 외에는 아무 것도 생각하지 않는 사람은 내면이 고요한 상태로 머뭅니다. 그러나 그들은 언제나 서두르고 바삐 움직이고 해야 할 것들을 계속 지금으로 끌어다 놓은 탓에 불안해합니다. 하지만 지금 하는 일에 고요한 마음으로 그 이외의 생각을 하지 않고 일하는 사람들은 그들보다 더 많은 것을 성취할 뿐만 아니라 다른 사람은 쉽게 잃어버리는 건강도 잃지 않습니다.

Work, whether of brain or body, is beneficial and health-giving, and the man who can work with a steady and calm persistency, freed from all anxiety and worry, and with his mind utterly oblivious to all but the work he has in hand, will not only accomplish far more than the man who is always hurried and anxious, but he will retain his health, a boon which the other quickly forfeits.

당신의 생각을 정돈하십시오. 그러면 당신의 인생도 질서정연해질 것입니다. 걱정과 편견의 거친 바다 위에 평온의 기름을 부으십시오. 그러면 당신의 영혼이라는 배가 삶의 바다를 헤쳐 나아갈 때, 제아무리 위협적인 불행의 폭풍우가 몰아쳐도 당신의 배를 난파시키지는 못할 것입니다. 그리고 그 배가 마음에서 우러난 변하지 않는 믿음으로 조종된다면, 그 항로는 더욱더 안전할 것이며 많은 위험이 옆을 그냥 지나갈 것입니다. 그러나 믿음 없이 조종된다면 많은 위험이 배를 공격해 올 것입니다.

Order your thoughts and you will order your life. Pour the oil of tranquility upon the turbulent waters of the passions and prejudices, and the tempests of misfortune, howsoever they may threaten, will be powerless to wreck the barque of your soul, as it threads its way across the ocean of life.

And if that barque be piloted by a cheerful and never-failing faith its course will be doubly sure, and many perils will pass it by which would other-wise attack it.

세상에 남은 모든 업적들은 신념의 힘으로 이뤄졌습니다. 믿음은 모든 것을 지배하는 법칙이고 그것은 모든 것을 이루게 하는 힘입니다. 자신의 일에 대한 소명에 근거한 믿음, 그리고 그 일을 해낼 수 있다는 나 자신에 대한 믿음이야말로 원하는 것을 이뤄주는 흔들림 없는 반석입니다.

*By the power of faith every enduring work is accomplished. Faith in the Supreme; faith in the over-ruling Law; faith in your work, and in your power to accomplish that work, -here is the rock upon which you must build if you would achieve, if you would stand and not fall.*

어떤 상황에서도 자신의 내면의 목소리를 따르십시오. 언제나 자신에 대해 진실하십시오. 고요한 상태로 내면에서 들려오는 자기 목소리를 믿으십시오. 모든 생각과 노력의 결실을 반드시 줄 것이라고 믿으십시오. 그 진실을 붙잡고 두려움 없이 편안한 마음으로 자신의 목적을 추구해 나가십시오. 우주의 법칙은 결코 실패할 수 없으며 반드시 이 법칙에 근거한 결과가 나 자신에게 돌아올 것을 깨달으십시오. 그렇게 되기를 바라지 말고 그것을 믿으십시오. 이것이 신념이고 신념에 찬 삶입니다. 이 신념은 불확실성이라는 두려움을 부서 없앱니다.

*To follow, under all circumstances, the highest promptings within you; to be always true to the divine self; to rely upon the inward Light, the inward Voice, and to pursue your purpose with a fearless and restful heart, believing that the future will yield unto you the meed of every thought and effort; knowing that the laws of the universe can never fail, and that your own will come back to you with mathematical exactitude, this is faith and the living of faith.*

*By the power of such a faith the dark waters of uncertainty are divided, every mountain of difficulty crumbles away, and the believing* soul passes on unharmed.

무엇보다도 이 귀중한 진실을 내 것으로 만들기 위해 노력하십시오. 그것은 행복과 성공, 평화와 힘으로 삶을 위대하게 만들며 고통을 이겨내게 하는 부적과 같기 때문입니다. 이러한 신념 위에 불멸의 재료로 쌓은 것은 결코 무너지지 않을 것입니다. 한낱 먼지로 사라질 모든 물질적인 것보다 더 위대한 것이기 때문입니다.

Strive, O reader! to acquire, above everything, the priceless possession of this dauntless faith, for it is the talisman of happiness, of success, of peace, of power, of all that makes life great and superior to suffering.

Build upon such a faith, and you build upon the Rock of the Eternal, and with the materials of the Eternal, and the structure that you erect will never be dissolved, for it will transcend all the accumulations of material luxuries and riches, the end of which is dust.

비탄에 잠기든 환희 속에 높여지든 언제나 이 내면의 고요함 속에서, 내면의 목소리로 생각을 멈추고 선과 올바른 목표를 추구할 때, 모든 위대한 것이 나 자신의 것이 된다는 불멸의 지혜를 붙잡으십시오.

이 신념 속에 있다면 그 어떤 고난과 악과 재난도 당신 앞에서 유리 장난감처럼 깨질 것입니다.

내면의 영적인 힘을 소유하고 있기 때문이며 세속적인 이익을 추구하는 노력으로는 결코 알 수도 없고 꿈도 꿀 수 없는 성공을 이룰 수 있을 것입니다.

> Whether you are hurled into the depths of sorrow or lifted upon the heights of joy, ever retain your hold upon this faith, ever return to it as your rock of refuge, and keep your feet firmly planted upon its immortal and immovable base.

> Centered in such a faith, you will become possessed of such a spiritual strength as will shatter, like so many toys of glass, all the forces of evil that are hurled against you, and you will achieve a success such as the mere striver after worldly gain can never know or even dream of.

성공이나 실패에 대한 고민이 필요 없으며 뿌린 것을 거두는, 거스를 수 없는 자연의 법칙으로 반드시 성공이 찾아올 것입니다. 결과에 대해 불안해할 필요 없이 올바른 생각과 올바른 노력이 필연적으로 올바른 결과를 가져온다는 것을 알고 나면 즐겁고 평화롭게 모든 것을 할 수 있습니다.

> "If ye have faith, and doubt not, ye shall not only do this, ... but if ye shall say unto this mountain, be thou removed and be thou cast into the sea, it shall be done." There are those today, men and women tabernacled in flesh and blood, who have realized this faith, who live

in it and by it day by day, and who, having put it to the uttermost test, have entered into the possession of its glory and peace.

Such have sent out the word of command, and the mountains of sorrow and disappointment, of mental weariness and physical pain have passed from them, and have been cast into the sea of oblivion.

If you will become possessed of this faith you will not need to trouble about your success or failure, and success will come.

You will not need to become anxious about results, but will work joyfully and peacefully, knowing that right thoughts and right efforts will inevitably bring about right results.


많은 행복을 누리고 있는 어느 여인이 있었습니다. 어느 날 한 친구가 그녀에게 이렇게 말했습니다. "당신은 정말 운이 좋으세요! 바라는 것을 정하기만 하면 그 바람이 이뤄지니까요."

겉으로는 물론 그렇게 보입니다. 하지만 이 여인의 삶에 깃든 모든 축복은 그녀가 평생 온전함을 향해 가꾸고 훈련해 온 내면의 평화, 내면의 고요, 오직 지금 이 순간에 머물고자 해 온 노력과 훈련에 따른 자연스런 축복이 가져다 준 직접적인 결과였습니다. 외형으로 보이는 물질화 된 소망들은 실망을 안겨 줍니다. 이것은 여러 세기에 걸쳐 인간의 삶 속에서 드러났습니다.

I know a lady who has entered into many blissful satisfactions, and recently a friend remarked to her, "Oh, how fortunate you are! You only have to wish for a thing, and it comes to you."

And it did, indeed, appear so on the surface; but in reality all the blessedness that has entered into this woman's life is the direct outcome of the inward state of blessedness which she has, throughout life, been cultivating and training toward perfection.

Mere wishing brings nothing but disappointment; it is living that tells.

어리석은 사람은 소원만 하고 불평하지만 지혜로운 사람은 일하고 기다립니다. 이 여인은 그렇게 했습니다. 안과 밖에서 특히 마음과 영혼 안에서 일했으며 보이지 않는 우주의 강력한 법칙의 힘으로 믿음과 소망과 기쁨, 헌신과 사랑의 보배를 쌓아 그 광채가 언제나 그녀 주위를 둘러싸 있도록 만든 것입니다.

그 광채는 그녀의 눈에서 빛나고 얼굴에서 빛나고 목소리에서 진동했으며 그녀와 함께 있는 모든 사람들이 알 수 없는 어떤 매혹적인 마법을 느끼게 만들었습니다.

The foolish wish and grumble; the wise, work and wait. And this woman had worked; worked without and within, but especially within upon heart and soul; and with the invisible hands of the spirit she had built up, with the precious stones of faith, hope, joy, devotion, and love, a fair temple of light, whose glorifying radiance was ever round about her.

It beamed in her eye; it shone through her countenance; it vibrated in her voice; and all who came into her presence felt its captivating spell.

당신도 마찬가지입니다. 당신의 성공과 실패의 영향력은 당신이 평생 품고 다니는 지배적인 생각과 경향으로 당신의 운명을 결정하는 요소입니다. 다정하고 순수하고 행복한 생각을 하십시오. 그러면 당신의 손에 축복이 떨어지고 평화로 짠 천이 식탁에 펼쳐질 것입니다.

And as with her, so with you. Your success, your failure, your influence, your whole life you carry about with you, for your dominant trends of thought are the determining factors in your destiny.

Send forth loving, stainless, and happy thoughts, and blessings will fall into your hands, and your table will be spread with the cloth of peace.

증오와 불순한 생각, 불행한 생각을 내뱉으면 저주가 쏟아지고 두려움과 불안이 베개 위에서 기다릴 것입니다. 당신은 당신의 운명을 무조건적으로 빚는 창조자입니다. 매 순간 여러분은 자신의 삶을 축복으로 만들거나 망칠 수 있는 영향력을 자기 자신에게 발산하고 있습니다.

마음이 크고 사랑이 머물고 이기적이지 않은 재질로 성장하도록 관여하십시오. 그 관여하는 의식이 실제로의 당신입니다. 그러면 비록 적은 돈을 벌더라도 당신의 영향력과 성공은 크게 오래 지속될 것입니다.

Send forth hateful, impure, and unhappy thoughts, and curses will rain down upon you, and fear and unrest will wait upon your pillow.

*You are the unconditional maker of your fate, be that fate what it may. Every moment you are sending forth from you the influences which will make or mar your life.*

*Let your heart grow large and loving and unselfish, and great and lasting will be your influence and success, even though you make little money.*

이기심을 품고 있는 것은 자신을 작은 한계에 가두는 것입니다. 비록 백만장자가 돼도 그 삶의 끝에는 미미하고 하찮은 영향력과 성공만 남게 될 것입니다. 그러므로 이 순수하고 이타적인 정신을 기르고 불멸의 법칙에 대한 믿음으로 결합한다면 넘치는 건강과 지속적인 성공뿐 아니라 위대한 힘의 진화를 얻게 될 것입니다.

*Confine it within the narrow limits of self-interest, and even though you become a millionaire your influence and success, at the final reckoning will be found to be utterly insignificant. Cultivate, then, this pure and unselfish spirit, and combine with purity and faith, singleness of purpose, and you are evolving from within the elements, not only of abounding health and enduring success, but of greatness and power.*

현재 자신의 처지가 불만족스럽다면 그것은 마음이 일에 있지 않아서입니다. 그럼에도 부지런히 의무를 다하고 더 나은 미래, 더 큰 가능성이 나에게 오고 있다는 생각을 품은 채 정신을 언제나 건강하게 유지하십시오. 결정적인 순간, 완전히 준비된 마음과 훈련된 정신이 그 안으로 깊숙이 들어가게 될 것입니다.

*If your present position is distasteful to you, and your heart is not in your work, nevertheless perform your duties with scrupulous diligence, and whilst resting your mind in the idea that the better position and greater opportunities are waiting for you, ever keep an active mental outlook for budding possibilities, so that when the critical moment arrives, and the new channel presents itself, you will step into it with your mind fully prepared for the undertaking, and with that intelligence and foresight which is born of mental discipline.*

어떤 일이든 온 마음을 집중하고 자신이 할 수 있는 모든 에너지를 그 일과 하나로 만드십시오. 작은 일을 완벽하게 완수하면 필연적으로 더 큰 일이 이어집니다. 꾸준히 이렇게 한다면 결코, 그 누구도 넘어지지 않을 것입니다. 여기에 진정한 힘의 비밀이 있습니다.

*Whatever your task may be, concentrate your whole mind upon it, throw into it all the energy of which you are capable. The faultless completion of small tasks leads inevitably to larger tasks. See to it that you rise by steady climbing, and you will never fall. And herein lies the secret of true power.*

꾸준한 노력으로 자신의 능력을 내면에 쌓아 두었다가 언제 어디서든 때가 되고 기회가 찾아왔을 때 발휘될 수 있도록 하십시오. 어리석은 사람은 경박함과 쓸데없거나 파괴적인 잡담, 이기적인 논

쟁으로 정신적, 내적 에너지를 낭비하며 그로부터 야기된 육체적 에너지까지 낭비합니다.

Learn, by constant practice, how to husband your resources, and to concentrate them, at any moment, upon a given point. The foolish waste all their mental and spiritual energy in frivolity, foolish chatter, or selfish argument, not to mention wasteful physical excesses.

만일 당신이 압도적인 힘을 얻고 싶다면, 마음의 평정과 냉정함을 계발해야 합니다. 당신은 홀로 설 수 있어야 합니다. 모든 힘은 움직이지 않는 것과 관련이 있습니다. 산과 거대한 바위, 폭풍우를 견뎌낸 나무는 모두 힘의 상징입니다. 이들이 홀로 서 있는 모습은 그렇게 보여집니다.

반대로 움직이는 모래, 바람에 흩날리는 나뭇잎, 흔들리는 갈대는 때로 나약함으로 묘사됩니다. 이들은 언제나 움직이고 곧지 않으며 무리에서 떼어내면 아무 쓸모가 없어지기 때문입니다.

If you would acquire overcoming power you must cultivate poise and passivity. You must be able to stand alone. All power is associated with immovability. The mountain, the massive rock, the storm-tried oak, all speak to us of power, because of their combined solitary grandeur and defiant fixity; while the shifting sand, the yielding twig, and the waving reed speak to us of weakness, because they are movable and non-resistant, and are utterly useless when detached from their fellows.

내면의 힘을 가진 사람은 주변 사람들이 감정이나 열정에 흔들려도 침착하고 흔들리는 모습을 보이지 않습니다. 그는 오직 자기 내면과 일치돼 고요함 속에 있습니다.

신경질적이고 겁이 많고 사려 깊지 못하고 변덕스러운 사람들은 다른 이들과 어울리기를 좋아합니다. 그들은 자신을 지탱할 사람들이 없으면 쓰러집니다.

그러나 차분하고 강인하고 진지한 사람은 숲과 사막과 산꼭대기의 고독을 찾습니다. 그들은 자연과 자기 내면의 힘에서 더 큰 힘을 얻으며 정신적 소용돌이를 조절합니다.

He is the man of power who, when all his fellows are swayed by some emotion or passion, remains calm and unmoved. He only is fitted to command and control who has succeeded in commanding and controlling himself.

The hysterical, the fearful, the thoughtless and frivolous, let such seek company, or they will fall for lack of support; but the calm, the fearless, the thoughtful, and let such seek the solitude of the forest, the desert, and the mountain-top, and to their power more power will be added, and they will more and more successfully stem the psychic currents and whirlpools which engulf mankind.

열정은 힘이 아니라 힘의 분산입니다. 열정은 격렬하고 거칠게 바위를 두드리는 폭풍우와 같습니다. 하지만 진정한 힘은 그 모든 상황 속에서도 침묵하고 움직이지 않는 바위처럼 말없이 동요하지 않는 것입니다.

Passion is not power; it is the abuse of power, the dispersion of power. Passion is like a furious storm which beats fiercely and wildly upon the embattled rock whilst power is like the rock itself, which remains silent and unmoved through it all.

카톨릭 교회의 부름으로 보름스(독일의 도시)에 방문하려던 마틴 루터(침례교 목사)는 안전을 염려하는 친구들에게 "그곳에 기와 숫자만큼의 많은 악마가 있다 해도 나는 그곳에 갈 걸세."라고 말했는데, 이 말 속에 담긴 진정한 힘을 느낄 수 있습니다.

또한, 벤자민 디즈레일리(영국 초대 총리 중 한 명)가 첫 의회 연설에서 하원의원들의 조롱을 받을 때 "언젠가 내 말을 듣는 것을 영광으로 여길 날이 올 것입니다."라고 외친 말 속에서 그의 힘을 엿볼 수 있습니다.

That was a manifestation of true power when Martin Luther, wearied with the persuasions of his fearful friends, who were doubtful as to his safety should he go to Worms, replied, "If there were as many devils in Worms as there are tiles on the housetops I would go."

And when Benjamin Disraeli broke down in his first Parliamentary speech, and brought upon himself the derision of the House, that was an exhibition of germinal power when he exclaimed, "The day will come when you will consider it an honor to listen to me."

제가 아는 한 젊은이는 반복되는 역경과 불행을 겪으며 친구들로부터 더 이상의 꿈이나 바람을 위해 노력하지 말라는 조롱을 들었을 때 "나의 행운과 성공에 감탄할 때가 멀지 않았다."라고 대답했습니다. 그는 이 말처럼 온갖 고난을 극복하고 인생을 성공으로 이끌어 고요한 내면과 강인한 힘에 차 있음을 보여주었습니다.

When that young man, whom I knew, passing through continual reverses and misfortunes, was mocked by his friends and told to desist from further effort, and he replied, "The time is not far distant when you will marvel at my good fortune and success," he showed that he was possessed of that silent and irresistible power which has taken him over innumerable difficulties, and crowned his life with success.

지금 이런 힘을 갖고 있지 않아도 이 힘은 훈련으로 얻을 수 있습니다. 이 힘을 기르겠다고 결심하는 것은 완전한 지혜를 가지려는 시작과 같습니다. 시끌벅적하고 절제되지 않은 웃음소리, 비방하고 쓸데없는 말을 주고받는 대화, 단순히 웃음을 위한 농담, 이 모든 것은 소중한 에너지를 낭비하는 행동들이기에 치워버려야 합니다.

If you have not this power, you may acquire it by practice, and the beginning of power is likewise the beginning of wisdom. You must commence by overcoming those purposeless trivialities to which you have hitherto been a willing victim.

Boisterous and uncontrolled laughter, slander and idle talk, and joking merely to raise a laugh, all these things must be put on one side as so much waste of valuable energy.

"어리석은 말이나 농담은 유익하지 않습니다."라고 말한 바울의 경고보다 숨겨진 법칙이 잘 표현된 통찰력 깊은 말은 없습니다. 이런 행동을 습관적으로 하는 것은 모든 내적인 힘을 파괴하는 것이기 때문입니다. 이런 행동을 중단하고 외적 사건과 감정들에 영향을 받지 않는 내면의 큰 힘에 근거해 행동할 때 인간의 진정한 내적 힘이란 것이 무엇인지 비로소 이해되기 시작할 것입니다. 그러면 무엇보다 강한 열망으로 내면의 존재와 외적인 행동이 일치되는 것을 갈구하게 될 것입니다.

St. Paul never showed his wonderful insight into the hidden laws of human progress to greater advantage than when he warned the Ephesians against "Foolish talking and jesting which is not convenient," for to dwell habitually in such practices is to destroy all spiritual power and life.

As you succeed in rendering yourself impervious to such mental dissipations you will begin to understand what true power is, and you will then commence to grapple with the more powerful desires and appetites which hold your soul in bondage, and bar the way to power, and your further progress will then be made clear.

하나의 목표를 가지십시오. 정당하고 모두에게 유익한 목적을 갖고 아낌없이 헌신하십시오. 그 어떤 것에도 흔들리지 마십시오.

이중적인 마음을 가진 사람은 모든 면에서 불안정합니다. 배우기를 열망하십시오.

그러나 가르침을 구걸하지 마십시오. 자신이 하는 일을 완벽히 이해해 자기 것으로 만드십시오. 나 자신의 내면에서 인도하는 자, 결코 틀릴 수 없는 내면의 그 음성을 따를 때 승리만이 있을 것이며 또 다른 더 높은 차원의 승리로 나아갈 것입니다.

더 깊은 차원을 볼 수 있는 해안을 갖게 될 것이며 비로소 본질적인 인생의 아름다움과 목적이 점차 드러나 보일 것입니다.

Above all be of single aim; have a legitimate and useful purpose, and devote yourself unreservedly to it. Let nothing draw you aside ; remember that the doubleminded man is unstable in all his ways.

Be eager to learn, but slow to beg. Have a thorough understanding of your work, and let it be your own; and as you proceed, ever following the inward Guide, the infallible Voice, you will pass on from victory to victory, and will rise step by step to higher resting-places, and your ever-broadening outlook will gradually reveal to you the essential beauty and purpose of life.

이렇게 스스로 정화되면 건강이 내 것이 되고 불멸의 이 법칙을 이해하면 성공이 내 것이 될 것입니다. 스스로 자신을 다스리게 되었기에 힘을 얻을 것입니다. 하는 일이 무엇이든 모든 일에서 번영을 이룰 것입니다. 이전에는 생각과 나라는 분열된 의식 속에 살아왔지만 이제는 내면의 목소리가 나 자신임을 알고 불멸의 위대한 지혜와 함께 일하게 될 것이기 때문입니다.

*Self-purified, health will be yours; faith-protected, success will be yours; self-governed, power will be yours, and all that you do will prosper, for, ceasing to be a disjointed unit, self-enslaved, you will be in harmony with the Great Law, working no longer against, but with, the Universal Life, the Eternal Good.*

이렇게 곁으로 찾아온 건강은 결코 자신을 떠나지 않을 것입니다. 당신이 거둔 성공은 이전의 나로서는 감히 상상할 수 없는 것들일 것이며 결코 사라지지 않을 것입니다. 당신이 가진 영향력과 힘은 우주를 지탱하는 변하지 않는 근원의 일부가 될 것이기 때문에 시대를 초월해 계속 증가할 것입니다. 우주는 번영의 성질로 이뤄져 있기 때문입니다.

*And what health you gain it will remain with you; what success you achieve will be beyond all human computation, and will never pass away; and what influence and power you wield will continue to increase throughout the ages, for it will.*

그러므로 건강의 비결은 순수한 마음과 잘 정돈된 정신이 그 조건입니다. 또한 성공의 비결은 이 우주의 법칙과 나 자신을 하나로 연결하고 그것을 온전하게 받아들이는 믿음이 그 조건입니다.

욕망이라는 널리 알려진 보편적인 말에 흔들리지 않는 의지로
오직 불변의 지혜로 사는 것, 그것은 바로 힘의 비결입니다.

Be a part of that unchangeable Principle which supports the
universe.

This, then, is the secret of health, -a pure heart and a well-ordered
mind ; this is the secret of success, -an unfaltering faith, and a wisely-
directed purpose; and to rein in, with unfaltering will, the dark steed
of desire, this is the secret of power.


모든 길이 내가 지나가 주기를 기다리고 있다.

밝은 길과 어두운 길, 생기 넘치는 길과 무기력한 길,

넓은 길과 좁은 길, 높은 길과 낮은 길,

좋은 길과 나쁜 길이 있다.

바른 걸음이나 느린 걸음으로,

나는 지금 원하는 대로 아무 길이나 들어갈 수 있다.

그리고 실제로 걸어 봄으로써

어떤 길이 좋고 어떤 길이 나쁜지 깨닫는다.


만약 내가 마음에서 우러난 순수성이라는

높고 거룩한, 좁은 길에

신성한 맹세를 하고 들어가서 거기에 머문다면,

스스로 창조한 '나'

비아냥거리고 조소하는 사람들로부터 떨어져서

가시의 길을 지나 꽃이 만발한 초원을 향해 걷는다면,

온갖 좋은 것들이 나의 방황하는 발걸음을 기다린다.


만약 내가 지나가는 매 순간마다 사랑과 인내를

놓치지 않는다면, 또 항상 결백함을 지키고

고도의 성실성으로부터 결코 벗어나지 않는다면,

나는 건강과 성공과 힘이 기다리고 있는 곳에 설 수 있다.

그리하여 영원한 생명의 나라를

마침내 보게 될 것이다.


온갖 좋은 것들을 나는 추구하고 찾을 수 있으며,

얻을 수도 있다.

나는 권리 주장을 하지 않을 수 있으나,

잃는다면 되찾을 수도 있다.

법칙이 나를 위해 구부러질 수는 없으며

내가 법칙에 순종해야 한다.

내 고통을 종식시키려면, 내 영혼이 빛과 생명을 회복하려면,

그리고 더 이상 눈물을 흘리지 않으려면

온갖 좋은 것들에 대한 오만하고 이기적인 권리 주장은

내 것이 아니다.

추구하고 깨닫고 알고 이해하고자 하는

겸손한 의도가 내 것이다.

모든 성스러운 발걸음은 지혜를 향하여 나아간다.

내 것이라고 주장하거나 명령할 수 있는 것은 아무 것도 없다.

그러나 이해하고 알고자 한다는 의미에서는

모든 것이 내 것이다.

*All ways are waiting for my feet to tread. The light and dark, the living and the dead. The broad and narrow way, the high and low. The good an bad. and with quick step or slow, I now may enter any way I will. And find, by walking, which is good, which ill. And all good things my wandering feet await. If I but come, with vow in violate. Unto the narrow, high and holy way Of heart-born purity, and therein stay: Walking, secure from him who taunts and scorns, To flowery meads, a cross the path of thorns. And I may stand where health, success, and power Await my coming, if, each fleeting hour, I cling to love and patience; and abide.*

*With stainlessness; and never step aside From high integrity: so shall I see At last the land of immortality. And I may seek and find; I may achieve, may not claim, but, losing, may retrieve. The law bends not for me, but I must bend Unto the law, if I would reach the end Of my afflictions, if I would restore My soul to Light and Life, and weep no more. Not mine the arrogant and selfish claim To all good things; be mine the lowly aim To seek and find, to know and comprehend. And wisdom-ward all holy footsteps wend. Nothing is mine to claim or to command, ut all is mine to know and understand.*

# 6.
## 그렇다면
## 행복이란 무엇입니까?

✳

우리는 얼마나 행복을 갈구합니까? 그럼에도 우리는 왜 충분한 정도의 행복을 얻지 못합니까? 가난한 사람들은 모두가 부를 원합니다. 부가 행복을 가져다 줄 것을 알기 때문입니다. 그러나 한편으로 모든 욕망과 사치와 변덕스러움을 해소해 줄 부를 가진 사람들조차 가난한 사람보다 더, 행복에서 멀어져 버린 사람이 많습니다.

Great is the thirst for happiness, and equally great is the lack of happiness. The majority of the poor long for riches, believing that their possession would bring them supreme and lasting happiness.

Many who are rich, having gratified every desire and whim, suffer from ennui and repletion, and are farther from the possession of happiness even than the very poor.

가만히 생각해 보면 부가 행복을 가져다주는 것이 아니란 사실을 이해하는 것은 매우 쉽습니다. 궁극적으로 행복이란 단순히 외형적인 소유에서 비롯되지 않으며 불행이란 모든 부면의 부족함에서 비롯되는 것이 아니라는 중요한 진실을 알게 됩니다.

만약 부가 행복과 불행을 좌우하는 기준이라면 가난한 사람은 언제나 비참하고 부자는 언제나 행복해야 하지만 그 반대의 경우가 더 많기 때문입니다.

*If we reflect upon this state of things it will ultimately lead us to a knowledge of the all important truth that happiness is not derived from mere outward possessions, nor misery from the lack of them; for if this were so, we should find the poor always miserable, and the rich always happy, whereas the reverse is frequently the case.*

제가 아는 한, 가장 비참한 사람들은 부와 사치에 둘러싸인 사람들이었습니다. 제가 만난 가장 밝고 행복한 사람들은 삶의 최소한의 필수품만을 소유한 사람들이었습니다. 부를 축적한 많은 사람들은 부를 얻은 후의 이기적인 만족감이 삶의 달콤함을 빼앗아 갔으며 가난했던 때, 그 시절만큼 행복했던 적은 없었다고 고백합니다.

*Some of the most wretched people whom I have known were those who were surrounded with riches and luxury, whilst some of the brightest and happiest people I have met were possessed of only the barest necessities of life.*

*Many men who have accumulated riches have confessed that the selfish gratification which followed the acquisition of riches has robbed life of its sweetness, and that they were never so happy as when they were poor.*

그렇다면 행복이란 무엇입니까? 어떻게 행복해질 수 있을까요? 이런 바람은 손에 잡히지 않는 허상일까요? 군이 진지하게 고민할 필요도 없는 있지도 않은 망상일까요?

진지한 성찰로 지혜의 길에 들어선 사람을 제외한 모두가 그렇게 생각할 것입니다.

What, then, is happiness, and how is it to be secured? Is it a figment, a delusion, and is suffering alone perennial? We shall find, after earnest observation and reflection, that all, except those who have entered the way of wisdom, believe that happiness is only to be obtained by the gratification of desire.

이 무지함과 이기적인 욕구가 더해져 부가 행복을 가져다준다는 생각으로 이 세상 모든 불행의 원인은 시작됩니다. 여기서 욕망이란, 본능적인 욕망뿐만 아니라 훨씬 더 강하고 교활한 욕망까지 포함합니다. 이 욕망은 교양 있고 학식 있는 사람들을 속박해 영혼의 아름다움과 조화 그리고 순수함을 빼앗아 갑니다.

It is this belief, rooted in the soil of ignorance, and continually watered by selfish cravings, that is the cause of all the misery in the world.

And I do not limit the word desire to the grosser animal cravings; it extends to the higher psychic realm, where far more powerful, subtle, and insidious cravings hold in bondage the intellectual and refined, depriving them of all that beauty, harmony, and purity of soul whose expression is happiness.

많은 사람이 이기심은 세상의 모든 불행의 원인이라고 인정하지만, 그것이 자신의 이기심이 아니라 다른 사람의 이기심 때문에 세상에 고통이 있다고 착각합니다.

*Most people will admit that selfishness is the cause of all the unhappiness in the world, but they fall under the soul-destroying delusion that it is somebody else's selfishness, and not their own.*

그러나 모든 불행이 나 자신의 이기심에서 비롯된 것임을 깨닫고 인정하게 될 때 천국의 문 앞에 도착한 것입니다. 세상의 기쁨이 사라지는 이유가 나를 제외한 다른 사람들의 이기심이라고 생각하는 한, 스스로 만든 지옥의 죄수로 계속 남아 있게 될 것입니다. 자신의 내면에 언제나 그대로 있는 존재가 깨어나 고요함 속에서 올바른 목표와 부를 추구하지 못하고, 우주의 법칙인 선의 상태에 머물지 못하는 것 역시 세상에 기쁨을 빼앗긴 것입니다.

*When you are willing to admit that all your unhappiness is the result of your own selfishness you will not be far from the gates of Paradise; but so long as you are convinced that it is the selfishness of others that is robbing you of joy, so long will you remain a prisoner in your self-created purgatory.*

행복은 기쁨과 평화입니다. 행복은 모든 그릇된 욕망이 제거된 내면의 완전한 만족 상태입니다. 갈망하고 얻은 욕망에서 온 만족감은 잠깐의 환상이며 언제나 더 많은 새로운 만족을 위한 요구가 뒤따

룹니다. 욕망은 바다처럼 끝이 없으며 그 욕구가 충족될수록 점점 더 커질 뿐입니다.

Happiness is that inward state of perfect satisfaction which is joy and peace, and from which all desire is eliminated. The satisfaction which results from gratified desire is brief and illusionary, and is always followed by an increased demand for gratification.

Desire is as insatiable as the ocean, and clamors louder and louder as its demands are attended to.

욕망은 착각에 빠진 인간에게 더 많은 봉사를 요구하다가 마침 내 육체적, 정신적 고통에 시달리게 하고 시련과 좌절이라는 불길 속 으로 던집니다.

그릇된 신뢰, 그릇된 확신, 무지에서 비롯된 잘못된 믿음이 낳은 욕망은 고통의 영역이며 바로 이 영역으로 모든 고통이 모여듭니다.

이런 잘못된 믿음 체제를 포기하는 것이 진정한 평온, 자유로운 성공과 부, 행복과 기쁨이 실현되는 유일한 길이며 이 길에서 천국으 로 비유되는 모든 상황과 현상이 그 존재를 기다리고 있습니다.

It claims ever-increasing service from its deluded devotees, until at last they are struck down with physical or mental anguish, and are hurled into the purifying fires of suffering. Desire is the region of hell, and all torments are centered there.

The giving up of desire is the realization of heaven, and all delights await the pilgrim there.

나는 인간의 이해를 넘어서는

그곳에 있는 내 영혼에게

현세의 사후에 대한 바람을 담아

편지를 보냈네.


그러던 어느 날 내 영혼이 나에게 다가와 속삭였네.

'나 자신이 천국이고 지옥이다.'

*I sent my soul through the invisible, Some letter of that after life to spell,*
*And by-and-by my soul returned to me, And whispered, 'I myself am*
*heaven and hel.'*


천국과 지옥은 내면의 상태입니다. 자아('나'라고 생각해 온 에고의 존재)에
몰입해 그 모든 만족을 따르면 흔히 지옥이라고 부르는 상태에 빠집
니다. 그러나 자아를 넘어서는 내면에 실체하는 원래의 의식, 선으로
만들어진 고요한 평화의 실체를 깨달으면 인간이 원하는 모든 것을
구하지 않아도 저절로 충족될 뿐 아니라 한계를 뛰어넘는 수준의 것
을 얻게 되는 것입니다.

Heaven and hell are inward states. Sink into self and all its
gratifications, and you sink into hell; rise above self into that state of
consciousness which is the utter denial and forgetfulness of self, and

*you enter heaven.*

사사로운 행복만을 이기적으로 계속 추구하는 동안에는, 행복이 당신에게서 멀어질 것이며 당신은 본의 아니게 불행의 씨앗들을 뿌리고 있을 것입니다. 반면에 당신이 다른 이들을 위해 봉사하는 가운데 자아(에고)를 잃는다면, 그만큼의 기쁨이 당신을 찾아올 것이며, 머지않아 당신은 행복이라는 대가를 거둬들이게 될 것입니다.

*Self is blind, without judgment, not possessed of true knowledge, and always leads to suffering. Correct perception, unbiased judgment, and true knowledge belong only to the divine state, and only in so far as you realize this divine consciousness can you know what real happiness is.*

이기적으로 나 자신의 개인적인 행복을 추구하는 것을 계속하지 않는 한, 그 정도만큼 행복이 나 자신에게 올 것이며 그 열매를 수확할 것입니다.

단순한 부를 갈망할 필요도 없고, 명예나 행복이라고 부르는 모든 외형적이고 단편적인 것들을 구할 필요도 없는 것입니다. 우주의 불멸의 차원의 행복에는 이 모든 것이 언제나 작은 요소로 들어있기 때문입니다.

*In so far as you succeed in losing yourself in the service of others, in that measure will happiness come to you, and you will reap a* harvest of bliss.

So long as you persist in selfishly seeking for your own personal happiness, so long will happiness elude you, and you will be sowing the seeds of wretchedness.


마음의 평화는

사랑 받는 것이 아니라 사랑할 때 받습니다.


우리의 목표의 성취는

얻는 것이 아니라 베푸는 것에서 얻어집니다.


내가 원하는 것, 내게 필요한 것을

남에게 주십시오.


사랑을 얻고자 하면 사랑을,

보호를 얻고자 하면 보호를,

인정과 따스함이라면 그것을 주십시오.


무엇이든 내가 원하고 갈망하는 바로 그것을

남에게 주십시오.

스스로 창조한 '나'

그러면 영혼이 배불리 먹게 될 것이며
참으로 참된 인생을 살게 될 것입니다.

*It is in loving, not in being loved, The heart is blessed;It is in giving, not in*
*seeking gifts, We find our quest, Whatever be thy longing or thy need,*
*That do thou give; So shall thy soul be fed, and thou indeed Shalt truly live.*

세상에서 좋다고 배워 온, 눈에 보이는 외형적인 물질, 보여 지는
명예, 인정을 갈망하는 작은 자아에 집착하면 슬픔이 떠나지 않습니
다. 이 작은 자아를 버리고 궁극적인 내면의 고요한 존재, 선과 옳은
생각을 품고 지금 주어진 일에 전념하는 절대적인 힘을 아는 사람은
평화로 대표되는 것 안에 포함된 모든 것을 덤으로 얻습니다. 큰 것
같아도 실상은 너무나 작은 것을 원하는, 이기적인 추구는 행복을 잃
게 합니다. 그렇지만 대다수의 인간은 이것이 행복을 이루는 길이며
원천이라고 믿고 있습니다.

*Cling to self, and you cling to sorrow, relinquish self, and you enter*
*into peace. To seek selfishly is not only to lose happiness, but even*
*that which we believe to be the source of happiness.*

대식가가 식욕을 자극할 새로운 맛을 끊임없이 찾아 헤매는 모
습을 보십시오. 그는 배가 부르고 몸이 무거워지고 병든 상태에서 마

참내 어떤 음식도 즐겁게 먹지 못합니다.

반면에 식욕과 미각의 즐거움을 추구하지 않는 사람은 가장 검소한 식사에서 기쁨을 찾습니다. 이 사람은 장수하며 건강한 상태로 수명이 다할 때까지 음식을 먹을 수 있습니다.

*See how the glutton is continually looking about for a new delicacy wherewith to stimulate his deadened appetite; and how, bloated, burdened, and diseased, scarcely any food at last is eaten with pleasure.*

*Whereas, he who has mastered his appetite, and not only does not seek, but never thinks of gustatory pleasure, finds delight in the most frugal meal.*

이기적으로 집착하는 것을 멈추고 기꺼이 포기할 때, (실상은 그것이 너무 작은 것이므로) 지속적인 행복이 올 것입니다. 그토록 소중하게 여기고 집착하든 집착하지 않든 그것이 무엇이든 사라지고 말 무상한 것을 기꺼이 놓아버릴 때, (그것들을 버리는 것이 불가능한 일일 듯하겠지만) 최고의 이득, 최상의 이익이란 사실이 밝혀질 것입니다. 내 작은 자아로는 꿈꾸지 못했던 모든 것이 불가능의 한계를 뛰어넘어 불확실성이라는 세계로 펼쳐나가 모든 것을 이뤄주기 때문입니다. 안타까운 것은 이런 일이 극소수에게만 일어난다는 것입니다. 대다수는 버린다는 두려움을 넘어서지 못하기 때문입니다.

*Abiding happiness will come to you when, ceasing to selfishly cling, you are willing to give up. When you are willing to lose, unreservedly, that impermanent thing which is so dear to you, and which, whether you cling to it or not, will one day be snatched from you, then you will find that that which seemed to you like a painful loss, turns out to be a supreme gain.*

얻기 위해 포기하는 것, 이보다 더 큰 용기와 지혜로움은 없습니다.

이기적인 욕망으로 얻기 위해 집착하고, 우주의 법칙과 성공의 불변의 통찰을 알지 못한 채 몰두하는 것, 이보다 더 큰 망상이 없고 더 큰 불행의 원인도 없습니다. 있는 것 같아도 실상은 텅 비어 있는 '소유'인 것입니다.

기꺼이 포기하는 것, 이전의 믿음을 완전히 버리는 것, 선하고 모두에게 이로운, 내면의 고요 속에서 행동하는 것, 이것이야말로 삶의 '도'입니다.

*To give up in order to gain, than this there is no greater delusion, nor no more prolific source of misery; but to be willing to yield up and to suffer loss, this is indeed the Way of Life.*

언젠가는 모든 물질이 사라집니다. 예기치 못한 사건도 세월이 흘러서는 영원히 머물지 않습니다. 이렇게 본질적으로 사라질 수밖에 없는 것들을 인생의 중심에 두면 진정한 행복을 찾을 수 있을까요? 지속적이고 진정한 행복은 영원한 것에 중심을 둘 때라야만 찾을 수 있습니다.

*How is it possible to find real happiness by centering ourselves in those things which, by their very nature, must pass away? Abiding and real happiness can only be found by centering ourselves in that which is permanent.*

그러므로 일시적이고 찰나적인 것들에 대한 집착과 갈망을 초월하십시오. 그러면 당신은 신의 의식 속으로 들어갈 것입니다. 그리고 자아를 초월하여 순수성, 자기희생, 보편적 사랑의 정신이 점점 더 자라남에 따라 당신은 신의 의식 속에 확고히 자리 잡을 것 입니다. 그때에 당신은 어떠한 변동도 없고 누구도 빼앗아 갈 수 없는 행복을 실현하게 될 것입니다.

결코 나에게서 빼앗길 수 없는 행복이 있다는 것을, 그럼에도 모든 것을 갖게 만드는 힘이 존재한다는 것을 깨닫게 될 것입니다.

*Rise, therefore, above the clinging to and the craving for impermanent things, and you will then enter into a consciousness of the Eternal, and as, rising above self, and by growing more and more into the spirit of purity, self-sacrifice and universal Love, you become centered in that consciousness, you will realize that happiness which has no reaction, and which can never be taken from you.*

다른 사람에 대한 완전히 사심 없는 배려와 나눔을 실천해 본 사람은 최고의 행복에 사로잡혀 본 사람입니다. 이들은 자신 안에 있는 진짜 내면과 신성함을 느낀 사람입니다. 살아온 인생을 뒤돌아보면 가장 행복했던 순간이 누군가에 대한 연민, 자기희생이나 따스함, 너그러움으로 어떤 말을 하거나 행동했을 때였다는 것을 알 수 있습니다.

The heart that has reached utter self-forgetfulness in its love for others has not only become possessed of the highest happiness but has entered into immortality, for it has realized the Divine.

Look back upon your life, and you will find that the moments of supremest happiness were those in which you uttered some word, or performed some act, of compassion or self-denying love.

행복과 조화는 영적으로 같은 뜻입니다. 조화는 우주를 지배하는 위대한 법칙의 한 양상이며, 사랑은 그 법칙의 정신적 표현입니다. 모든 이기심은 부조화입니다. 이기적인 마음은 신의 질서에서 벗어나 있습니다. 인간은 자아의 부정이기도 한 우주적 사랑을 실현할 때, 신성한 음악, 우주의 노래, 말로 형용할 수 없는 그 성스러운 멜로디에 자신을 조화시킵니다. 우주의 차원에서 행복은 이와 같은 재질인 것입니다.

Spiritually, happiness and harmony are, synonymous. Harmony is one phase of the Great Law whose spiritual expression is love. All selfishness is discord, and to be selfish is to be out of harmony with *the Divine order.*

*As we realize that all-embracing love which is the negation of self, we put ourselves in harmony with the divine music, the universal song, and that ineffable melody which is true happiness becomes our own.*

이 세상의 누구라도 행복을 찾아다닙니다. 여러분도 그랬을 겁니다. 명문 학교를 졸업하려던 것, 좋은 직장이나 좋은 배우자를 찾으려던 이유, 더 많은 돈을 벌고 유명해지고, 좋은 집을 갖고 싶은 것 등, 그것이 무엇이라도 얻고자 했던 것은 행복해지는 길이라고 알기에 그렇지 않았나요? 그래서 행복해졌습니까? 만족하거나 적당하다고 말할 수는 있어도 진짜 행복이 그 길 끝에 기다리고 있던가요?

진실은 이렇습니다. 행복이란 찾는 것이 아니란 사실입니다. 행복은 이미 그 모든 사람 안에 있고 그 사람 주위에 있으며 우주를 가득 채우고 있다는 것을 알기 전에는 결코 찾을 수 없을 것입니다.

*Men and women are rushing hither and thither in the blind search for happiness, and cannot find it; nor ever will until they recognize that happiness is already within them and round about them, filling the universe, and that they, in their selfish searching are shutting themselves out from it.*

나는 행복을 따라

우뚝 솟은 참나무와 흔들리는 담쟁이 넝쿨을 지나

그녀를 내 것으로 만들었습니다


그녀는 도망쳤고 나는 쫓았습니다.

경사진 언덕과 개울가, 들판과 초원, 보랏빛 골짜기를 넘어

빠르게 쫓았습니다.


독수리가 울어대는 아찔한 절벽을 기어오르고

모든 땅과 바다를 지나갔습니다.

하지만 행복은 언제나 나를 피해갔습니다.


*I followed happiness to make her mine, Past towering oak and swinging ivy
vine. She fled, I chased, o'er slanting hill and dale. O'er fields and meadows,
in the purpling vale; Pursuing rapidly o'er dashing stream. I scaled the dizzy
cliffs where eagles scream; I traversed swiftly every land and sea. But always
happiness eluded me.*


지치고 어지러워 나는 더 이상 쫓지 않았습니다.

다만 황량한 물가에 몸을 눕혔습니다.

한 사람이 내게 와서 음식을 달라 하기에 주었습니다.

뼈만 앙상하게 남은 사람이 내게 손바닥을 내밀기에

빵과 금을 올려 주었습니다.


한 명은 동정을 구하러 왔고

한 명은 휴식을 얻으러 왔습니다.


나는 도움을 구하는 모든 이들에게

최선을 다해 나눔을 실천했습니다.


그대 보십시오!

행복이 아름다운 모습으로 내 곁에 서서

귓가에 속삭였습니다.


나는 당신의 것입니다라고.

*Exhausted, fainting, I pursued no more, But sank to rest upon a barren shore. One came and asked for food, and one for alms; I placed the bread and gold in bony palms. One came for sympathy, and one for rest; I shared with every needy one my best; When, lo! sweet Happiness, with form divine, Stood by me, whispering softly, 'I am thine.'*

이 아름다운 시는 한없는 행복의 비밀을 잘 알려주는 것 같습니다. 개인적이고 일시적인 욕망을 버리면 영구적인 행복, 우주의 힘이 담긴 모든 것을 이루는 단계로 일순간에 상승합니다.

*These beautiful lines of Burleigh's express the secret of all abounding happiness. Sacrifice the personal and transient, and you rise at once into the impersonal and permanent.*

모든 것을 자신의 사소한 이익에 넣으려는 좁고 작은 자아를 포기하면 우주적 차원의 번영과 축복의 재질이 똑같은 본질 속으로 들어갈 것입니다.

다른 사람의 괴로움과 다른 이에 대한 봉사 속에 있을 때 자신을 완전히 잊으면 신성한 행복이 모든 슬픔과 괴로움에서 당신을 해방시켜 줄 것입니다.

*Give up that narrow cramped self that seeks to render all things subservient to its own petty interests, and you will enter into the company of the angels, into the very heart and essence of universal Love.*

*Forget yourself entirely in the sorrows of others and in ministering to others, and divine happiness will emancipate you from all sorrow and suffering.*

이것은 "좋은 생각으로 첫 걸음을 내딛고, 좋은 말로 두 번째 걸음을 내딛고, 좋은 행동으로 세 번째 걸음을 내딛어 천국에 들어섰습니다."라고 말한 것과 같습니다.

여러분도 이 과정을 밟으면 이 세상에서 보고 듣고 배우지 못했던 행복의 차원에 들어갈 수 있습니다. 행복은 저 너머가 아니라 바로 지금, 여기 있습니다. 그것은 오직 이타적인 사람만이 깨달을 수 있습니다. 그것은 마음이 순수한 사람에게만 그 충만함을 드러내 보입니다. 마음이 순수한 사람만 천국을 온전히 알 수 있습니다.

*"Taking the first step with a good thought, the second with a good word, and the third with a good deed, I entered Paradise." And you also may enter into Paradise by pursuing the same course. It is not beyond, it is here. It is realized only by the unselfish. It is known in its fullness only to the pure in heart.*

끝없는 행복을 당신이 아직 모르고 있다면, 사심 없는 사랑이라는 높은 이상을 항상 마음에 품고 그것을 열망함으로써 실현하기 시작할 수 있습니다.

*If you have not realized this unbounded happiness you may begin to actualize it by ever holding before you the lofty ideal of unselfish love, and aspiring towards it.*

그러면 '받는 것보다 주는 것이 더 복된 일'이라는 것을 비로소 이해하게 될 것입니다. 그러나 나눔과 봉사, 기부는 오염이 없는 마음에서 우러나온 것이어야 합니다. 보상에 대한 욕망 없는 마음이어야 합니다. 만약 자신이 베푼 후에 감사나 칭찬을 받지 못하거나 누군가 알아주지 않아서 상처를 받는다면 그 선물은 사랑이 아니라 자신을 위한 허영심에서 비롯된 것입니다. 그것은 단지 받기 위해 베푼 것일 뿐이고 실제로 베푼 것이 아니라 움켜쥐고 있었다는 것을 알아차리십시오.

> You will then understand that it is indeed "more blessed to give than to receive." But the giving must be of the heart without any taint of self, without desire for reward. The gift of pure love is always attended with bliss. If, after you have given, you are wounded because you are not thanked or flattered, or your name put in the paper, know then that your gift was prompted by vanity and not by love, and you were merely giving in order to get; were not really giving, but grasping.

다른 사람의 안위를 위해 마음을 쓰는 가운데 '나'라는 자아를 내려놓는 것, 이것이 바로 풍요로움과 행복의 비결입니다.

이기심이 발동하지 않도록 항상 경계하십시오. 마음에서 우러나온 희생이라는 교훈을 충실히 배우십시오. 그럼으로써 당신은 행복의 최정상에 올라 우주적 기쁨의 빛 속에서 항상 머물게 될 것입니다. 이것이 불변의 지혜, 우주의 힘과 에너지와 같은 무한한 힘과 하나가 되는 행동이기 때문입니다. 이기적인 마음을 버리고 평화의 심장을 찾으십시오.

Lose yourself in the welfare of others; forget yourself in all that you do; this is the secret of abounding happiness.

Ever be on the watch to guard against selfishness, and learn faithfully the divine lessons of inward sacrifice; so shall you climb the highest heights of happiness, and shall remain in the never-clouded sunshine of universal joy, clothed in the shining garment of immortality.

# 7.

**세상에 부는 충분합니다.**
**경쟁이 아니라 창조하십시오**

✦

진정한 번영과 풍요로움은 성실함, 신뢰, 관대함, 조건 없는 친절한 마음에 주어집니다. 이런 자질을 갖추지 못한 마음은 풍요로움을 알 수 없습니다. 풍요로움이란 행복과 마찬가지로 외적인 소유에 달린 것이 아니라 내적인 깨달음이기 때문입니다.

It is granted only to the heart that abounds with integrity, trust, generosity and love to realize true prosperity. The heart that is not possessed of these qualities cannot know prosperity, for prosperity, like happiness, is not an outward possession, but an inward realization.

탐욕스러운 사람은 백만장자가 돼도 언제나 비참하고 비천하며 아직도 자신은 더 가져야 하기에 가난하다고 생각할 것이지만, 열린 마음을 가진 올바르고 다정한 사람은 비록 외형적인 소유는 적어도 풍요롭고 완전한 풍요를 얻을 것입니다.

The greedy man may become a millionaire, but he will always be wretched, and mean, and poor, and will even consider himself outwardly poor so long as there is a man in the world who is richer than himself, whilst the upright, the open-handed and loving will realize a full and rich prosperity, even though their outward possessions may be small.

만족하지 못하는 사람은 가난한 사람이며, 가진 것에 만족하고 감사하며 나아가는 사람은 부자이며 부자가 될 것입니다. 가진 것에 관대한 사람은 더 부유한 사람이 되기 때문입니다.

*He is poor who is dissatisfied; he is rich who is contented with what he has, and he is richer who is generous with what he has.*

우주에는 물질적인 것뿐만 아니라 영적인 것까지 모든 좋은 것이 풍부합니다. 한데 그것을 금화 몇 닢이나 땅 몇 평을 차지하려는 인간의 맹목적인 열심과 비교했을 때 그것이 얼마나 불행하고 어둡고 무지한지 깨닫게 됩니다. 자기 추구가 곧 자기 파괴라는 사실을 알게 되는 것입니다.

*When we contemplate the fact that the universe is abounding in all good things, material as well as spiritual, and compare it with man's blind eagerness to secure a few gold coins, or a few acres of dirt, it is then that we realize how dark and ignorant selfishness is; it is then that we know that self-seeking is self-destruction.*

자연은 모든 것을 아낌없이 주고 아무것도 잃지 않지만 인간은 모든 것을 움켜쥐고 모든 것을 잃습니다. 진정한 번영, 풍요로움을 깨닫고 싶다면 '옳은 일을 하면 일이 잘못된다'는 그릇된 믿음에 마음을 주지 마십시오. 경쟁이라는 단어가 정의 위에 있어야 한다고 말하는 세상의 만연한 믿음에 흔들리지 마십시오.

*Nature gives all, without reservation, and loses nothing; man, grasping all, loses everything.*

*If you would realize true prosperity do not settle down, as many have done, into the belief that if you do right everything will go wrong. Do not allow the word "competition" to shake your faith in the supremacy of righteousness.*

나는 '경쟁'에 대해 사람들이 뭐라고 말하든 전혀 상관하지 않습니다. 왜냐하면 모든 것을 패배하게 만드는 변하지 않는 법칙을 알기 때문입니다. 그들 역시 이 법칙을 알지 못하기 때문에 경쟁만을 쫓고 있습니다. 이 법을 알기 때문에 나는 모든 부정직에 방해받지 않고 평온함 속에서 자유롭게 생각할 수 있습니다. 어떤 상황에서도 이 법칙에 근거한 믿음을 갖고 당신이 옳다고 믿는 것을 하십시오. 그러면 당신은 이 우주의 불변의 진리와 힘, 법칙 안에서 반드시 보호 받을 것입니다.

*I care not what men may say about the "laws of competition," for do I not know the unchangeable Law, which shall one day put them all to rout, and which puts them to rout even now in the heart and life of the righteous man?*

*And knowing this Law I can contemplate all dishonesty with undisturbed repose, for I know where certain destruction awaits it. Under all circumstances do that which you believe to be right, and trust the Law; trust the Divine Power that is imminent in the universe, and it will never desert you, and you will always be protected.*

그런 행동으로부터 상실이 이익으로 전환되고 나를 괴롭히는 저주가 축복으로 바뀔 것입니다. 진실함과 너그러움, 친절을 절대 놓지 마십시오. 이것들은 우주의 에너지와 결합해 당신을 진실로 풍요로운 상태로 끌어올릴 것입니다.

By such a trust all your losses will be converted into gains, and all curses which threaten will be transmuted into blessings. Never let go of integrity, generosity, and love, for these, coupled with energy, will lift you into the truly prosperous state.

세상은 언제나 '가장 높은 자'를 따르며 섬기고 다른 자는 그 다음에나 돌아봐도 된다고 가르칩니다. 그 말을 믿지 마십시오. 그런 생각이 나의 편안함을 생각하는 것 같아도 그 반대이기 때문입니다. 이렇게 행동하는 사람은 언젠가 모두에게 버림받는 날이 올 것이며 외로움과 비탄 속에서 울어도 듣거나 도울 사람이 아무도 없을 것입니다.

Do not believe the world when it tells you that you must always attend to "number one" first, and to others afterwards. To do this is not to think of others at all, but only of one's own comforts.

To those who practice this the day will come when they will be deserted by all, and when they cry out in their loneliness and anguish there will be no one to hear and help them.

다른 모든 것보다 자신을 먼저 생각하는 것은 모든 고귀하고 신성한 에너지를 멈추게 하고 내게 오는 것을 방해하는 것입니다. 당신의 영혼이 끝없이 뻗어 나가게 하십시오. 친절함과 너그러움과 따뜻함이 다른 사람에게 전해지게 하십시오. 그러면 크고 지속적인 기쁨이 당신 자신의 기쁨이 될 것이며 모든 풍요로움이 당신에게 올 것입니다.

*To consider one's self before all others is to cramp and warp and hinder every noble and divine impulse.*

*Let your soul expand, let your heart reach out to others in loving and generous warmth, and great and lasting will be your joy, and all prosperity will come to you.*

지금 정의로운 길에서 방황하는 사람은 세상이 종용하는 완전히 그릇된 방법, '경쟁'이라는 개념으로부터 자신을 지키십시오. 언제나 옳은 것을 추구하는 사람은 이 개념을 고민할 필요도 없어집니다. 이건 빈말이 아닙니다.

*Those who have wandered from the highway of righteousness guard themselves against competition; those who always pursue the right need not to trouble about such defense. This is no empty statement.*

지금 이 시대까지 모든 세대에 걸쳐 불변의 지혜와 법칙의 힘으

스스로 창조한 '나'

로 모든 경쟁을 뛰어넘고 조금도 흔들릴 필요 없는 번영과 풍요로움을 누리는 사람들이 있어왔습니다. 또한 그들을 약화시키려는 사람들도 늘 있었지만 패배하는 쪽은 언제나 같았습니다.

*There are men today who, by the power of integrity and faith, have defied all competition, and who, without swerving in the least from their methods, when competed with, have risen steadily into prosperity, whilst those who tried to undermine them have fallen back defeated.*

선한 정신적 자질들을 갖는다는 것은 모든 악(재난, 비탄, 슬픔, 고통) 앞에 갑옷을 입는 것이며 그 어떤 시련에도 이중으로 보호받는 것입니다. 그것은 흔들림 없이 견고한 성공을 쌓고 영원히 지속될 번영과 풍요로움을 누리는 것입니다. 또한 사랑의 샘터와 영원하며 고요한 평화가 깃들어 있는 것입니다. 행복이 시작되는 곳, 고통과 슬픔이 멈추는 곳, '작은 나'가 떠나고 이 우주의 진실이 그 자리를 차지하는 것입니다.

*To possess those inward qualities which constitute goodness is to be armored against all the powers of evil, and to be doubly protected in every time of trial; and to build' oneself up in those qualities is to build up a success which cannot be shaken, and to enter into a prosperity which will endure forever.*

세기의 책들 20선
**천년의 지혜 시리즈  No.6 자기계발 편 2부**

# 스스로 창조한 나 As a Man Thinketh

**최초 출간일 1903년**

초판 1쇄 인쇄  2024년 5월 29일
초판 3쇄 발행  2024년 10월 22일

| | |
|---|---|
| 엮은이 | 서진 |
| 펴낸 곳 | 스노우폭스북스 |
| 기획·편집 | 여왕벌(서진) |
| 진행 | 진저(박정아) |
| 교정 | 클리어(정현주) |
| 마케팅 총괄 | 에이스(김정현) |
| SNS | 라이즈(이민우) |
| 유튜브 | 테드(이한음) |
| 디자인 | 샤인(김완선) |
| 미디어 | 형연(김형연) |
| 키워드 | 슈퍼맨(이현우) |
| 영업 | 영신(이동진) |
| 도서 디자인 | 헤라(강희연) |
| 제작 | 해니(박범준) |
| 종이 | 월드(박영국) |
| 주소 | 경기도 파주시 회동길 527 스노우폭스북스 빌딩 3층 |
| 대표번호 | 031-927-9965 |
| 팩스 | 070-7589-0721 |
| 전자우편 | edit@sfbooks.co.kr |
| 출판신고 | 2015년 8월 7일 제406-2015-000159 |

ISBN  979-11-91769-69-2  03320
값 16,800원